江西理工大学优秀博士论文文库

我国林业产业
区域竞争力评价研究

王 刚◎著

知识产权出版社
全国百佳图书出版单位
—北 京—

图书在版编目（CIP）数据

我国林业产业区域竞争力评价研究/王刚著. —北京：知识产权出版社，2019.11
ISBN 978 - 7 - 5130 - 6675 - 4

Ⅰ.①我… Ⅱ.①王… Ⅲ.①林业经济—区域经济—市场竞争—评价—研究—中国
Ⅳ.①F326.23

中国版本图书馆 CIP 数据核字（2019）第 279245 号

内容提要

为明确我国林业产业竞争力地区差异，以全国 29 个地区的林业产业竞争力为研究对象，从外显竞争力、核心竞争力、基础竞争力和环境竞争力四个维度构建了林业产业竞争力评价指标体系，并结合 Entropy – Topsis 模型以及 2006—2012 年省际截面数据对其进行了实证测度。结果表明，我国林业产业竞争力的区域差异较大，省际分化明显。最后，根据研究结果提出了我国林业产业竞争力的提升路径。

| 策划编辑：蔡　虹 | 责任校对：谷　洋 |
| 责任编辑：张利萍 | 责任印制：孙婷婷 |

我国林业产业区域竞争力评价研究

王　刚　著

出版发行：知识产权出版社有限责任公司	网　　址：http：//www. ipph. cn
社　　址：北京市海淀区气象路 50 号院	邮　　编：100081
责编电话：010 – 82000860 转 8387	责编邮箱：65109211@ qq. com
发行电话：010 – 82000860 转 8101/8102	发行传真：010 – 82000893/82005070/82000270
印　　刷：北京九州迅驰传媒文化有限公司	经　　销：各大网上书店、新华书店及相关专业书店
开　　本：720mm × 1000mm　1/16	印　　张：14.5
版　　次：2019 年 11 月第 1 版	印　　次：2019 年 11 月第 1 次印刷
字　　数：230 千字	定　　价：69.00 元
ISBN 978 -7 -5130 -6675 -4	

前　言

　　林业产业是一个涉及国民经济第一、第二和第三产业多个门类、涵盖范围广、产业链条长、产品种类多的复合产业群体,是国民经济的重要基础产业,为其他行业提供了大量的原材料和初级产品,又是具有强大生态服务功能的产业,依托森林资源的可再生性,具有极大的发展潜力,是一个特点极为鲜明的产业。随着我国经济的快速发展,林业产业的基础作用进一步强化,国民经济对林业产业的发展提出更多、更新的要求,也为林业产业发展及转型提供了机遇。同时,随着经济全球化的发展,林业产业竞争力不仅关系到区域、企业的经济效益和可持续发展,也关系到我国林业产业在国际林业经济和生态发展中的地位,决定了我国林业产业的国际竞争力和国际地位。如何从总体和区域角度对我国林业产业区域竞争力进行系统分析,确定影响林业产业竞争力的相关因素,制定提升我国林业产业区域竞争力的相关产业政策,是促进林业产业发展和生态转型的重大问题。

　　在此背景下,本书首先通过对现有文献的梳理和对林业产业竞争力的含义、特征进行界定和分析,对我国林业产业不同产业层次的产业结构、不同区域资源现状、投资发展竞争力现状和问题进行分析,并探讨其成因;其次,从我国林业产业区域竞争力的主体影响因素和客体影响因素进行分析,构建林业产业影响形成机理的概念模型,基于林业产业竞争力影响因素关系的研究理论假设,运用SPSS和AMOS等相关软件对量表数据的信度和效度进行检验,对提出的理论假设进行验证,揭示了影响因素对林业产业竞争力的影响作用机理;在借鉴现有研究成果的基础上,结合林业产业的实际,构建了林业产业竞争力"四位一体"模型,即林业产业产业环境竞争力—林业产业基础竞争力—林业产业核心竞争力—林业产业外显竞争力及各要素相互作用关系；根据林业产业竞争力评价指标体系构建原则，设计了林业产业竞争力评价初选指标体系，运用群组决策特征根（GEM）和 Pearson 方法对林业产业竞争力初选评价指标体系的关键指标进行识别筛选，构建了由外显竞争力、核心竞争力、基础竞争力和产业环境竞争力 4 个二级指标、10 个三级指标和 24 个四级指标构成的我国林业产业区域竞争力评价指标体系；构建了基于熵权法、Topsis 综合评价法、线性加权函数法的我国区域林业产业竞争力评价模型，从静态和动态视角对我国省际区域林业产业外显竞争力、核心竞争力、基础竞争力和环境竞争力进行评价，进一步深入分析林业产业竞争力的地区差异性及其成因。最后，结合我国林业产业的区域实际和未来国家战略重心从宏观层面、中观层面和微观层面给出了提升其林业产业竞争力的对策。

本书所选取的数据来源以 2013 年之前的数据为主，主要研究 2006—2012 年我国林业产业区域竞争力的问题。研究结果表明，我国林业产业综合竞争力比较强的省份或自治区分别有福建、广西、青海、内蒙古和四川等；而排名最后的一些省市分别为辽宁、海南、陕西、山西、贵州、重庆和天津等。同时也表明了林业产业竞争力的区域性差异较大，而且外显竞争力、核心竞争力、基础竞争力、环境竞争力以及综合竞争力水平呈现明显的分化态势。总体上，林业产业区域竞争力由显性要素、核心要素、基础要素和产业环境构成，其中产业环境包括制度环境和金融环境；基础要素包括资源禀赋、基础设施建设和生态建设；核心要素包括科技创新、林业产业结构和林业企业要素；显性要素包括林业产业实力和林业产业盈利实力。在这些要素的推动下，形成了林业产业软环境、长期持续发展和成长能力、创造增加值和占有率竞争力，进而形成了林业产业综合竞争力。竞争力影响机制方面，政府支撑直接或通过资源禀赋和市场条件间接对林业产业竞争力有正向作用；产业组织结构和科技创新通过市场条件和资源禀赋对林业产业竞争力有正向作用。

本书可供政府有关部门管理人员以及从事林业经济管理的相关人士阅读，对研究林业产业竞争力的学者亦有一定的参考价值。

本书由江西理工大学资助出版，在此特别说明并表示感谢。

CONTENTS

目　录

第一章　绪论

第一节　研究背景、目的及意义

一、研究背景

　　林业产业作为国民经济的基础和支柱产业，不仅为其他行业提供了大量原材料和初级产品，同时还具有强大的生态服务功能。依托森林资源的可再生性，林业产业发展潜力巨大。我国林业产业涵盖范围广、产业链条长、产品种类多，是一个涉及多个产业门类的复合产业群体。随着生态文明发展理念下林业产业重视程度的提高和发展投入的增加，林业产业结构得到了逐步的调整和优化。但由于资源禀赋、经济发展水平等的差异，我国林业产业发展存在较为明显的区域不平衡问题，影响了我国林业产业竞争力的整体提升。国家林业和草原局《林业产业发展"十三五"规划》明确将去产能、降成本、补短板作为"十三五"期间林业产业发展的指导思想，并将不断促进林业产业集约化、规模化、绿色化、信息化和品牌化发展作为发展主线。因此，构建新形势下林业产业竞争力评价指标体系和评价模型，并对林业产业竞争力进行测度研究，对于明确我国林业产业竞争力现状、探究林业产业竞争力的提升路径，进而培育林业产业竞争优势、促进林业产业转型升级、实现林业产业和区域经济的可持续发展具有重要意义。

　　我国林业产业经过几十年的发展，已经具有比较完善的产业体系，林业产业在国民经济发展中起着重要的作用，根据国家林业局统计数据，2013 年我国林业总产值达到 4.73 万亿元，比 2012 年增长了 20.05%，其中第一产业的总产值上升比例为 21.26%、第二产业上升比例为 20.20%、第三产业上升比例为 24.38%；三个产业林业总产值占总产值的比例分别为 30.17%、57.21% 和 12.62%。林业产业结构得到了逐步的调整和优化。随着国家对林业产业的重视和对林业产业投资的增加，我国林业产业中的第一产业、第二产业和第三产业的产业结构由"十五"末期的 52∶41∶7 转变为 2013 年的 30∶57∶13，林业产业的第二产业和第三产业的比重逐步加大，对林业产业的第一产业的经济林和观赏林的保护进一步加强，表明我国林业产业结构正在不断优化。由于受资源禀赋、地区经济发展水平等诸多因素的影响，我国林业发展在不同区域中呈现出不均衡和差异性的现象，导致林业产业区域竞争力的强弱不均衡，进而影响我国林业产业竞争力，使林业产业竞争力相对较弱。区域产业竞争力水平的不均衡性，主要原因是各个区域没有充分根据自己的区位特点发挥区位优势形成具有特色的林业产业竞争力，由于同质性竞争导致的发展抵消，以及资源利用率偏低的情况，使林业产业的自身发展受到了限制，同时也影响林业产业对国民经济发展所起的重要作用。林业产业是林业经济得以实现的基础和关键，林业产业发展的好坏反映了区域林业产业竞争力的强弱，同时也从侧面反映出林业产业对区域经济发展贡献的大小。林业产业竞争力不仅关系到产业和区域经济的可持续发展，而且也关系到我国林业产业在国际竞争中的地位。对我国林业产业竞争力进行研究，分析和识别影响我国林业产业竞争力的关键影响因素，构建我国林业产业竞争力评价指标体系和评价模型，对于科学测度我国林业产业竞争力水平、探究提高我国林业产业竞争力实现的路径、培育林业产业竞争优势、增强林业产业竞争力、促进林业产业转型升级、实现林业产业可持续发展和区域经济可持续发展具有重要意义。

二、研究目的与意义

研究的目的，就是通过对林业产业现状及竞争力的影响因素进行分析，找出影响林业产业竞争力的关键因素；构建林业产业竞争力理论框架模型，系统分析和深入研究林业产业竞争力的构成要素及要素间的关联关系；构建林业产业竞争力评价指标体系和评价模型，从静态和动态两个方面对林业产业竞争力进行评价，为测度林业产业竞争力水平提供科学的方法和新的思路，为增强林业产业竞争力提供科学的实现路径，为政府相关部门制定相关政策提供数据资料和科学支撑。研究的意义主要有以下两点：

（1）对于林业产业转型升级实现可持续发展具有重要意义。

林业产业在国民经济发展中起着重要的作用，一方面表现为对生态环境的保护和改善；另一方面表现为对居民生活水平和精神需求的满足。目前，我国林业产业处在产业链的低端，市场竞争力相对较弱，通过分析林业产业竞争力的影响因素，找出关键的影响因素，进一步增强林业产业竞争力，对于林业产业通过转型升级实现向产业链高端延伸，实现可持续发展具有重要意义。

（2）对于生态环境建设和产业经济发展具有重要意义。

林业产业中的第一产业主要是由天然林和经济林构成的森林生态系统，而森林生态系统为人类提供了生物多样性保护、水文、景观和碳汇等公共服务，林业产业的第二产业和第三产业对居民生活有着重要的影响，既关系到居民的物质生活，也关系到居民的精神生活。提高林业产业市场竞争力对于缓解我国面对全球形成的温室效应所带来的环境生态压力，肩负我国政府保护全球生态环境的责任具有重要的意义；对于满足人们日益增长的对森林产品和服务的需求，提高产业的经济效益具有重要的意义。

第二节　国内外研究现状

基于竞争力、产业（企业）竞争力、林业产业竞争力三个视角，梳理并总结了国内外文献研究情况，同时也提出了本文在三个视角方面相应的观点以及研究现状评价。

一、竞争力的研究

波特认为，基于经济学的视角，竞争是商品生产者和商品经营者为争夺具有相对优势的生产条件和市场条件，获得最大利益的斗争，竞争力是竞争主体具有竞争优势的体现。从宏观视角上看，企业竞争力是指企业与企业之间进行竞争时所具有的优势地位；产业竞争力是一个国家或者地区某个产业与其他国家或地区产业之间的比较，由于生产要素等方面的差异而形成的产业生产效率、市场知名度和产业利润率等方面的强弱。

关于竞争力层次分类的研究，莫夫卓基（Donald G. McFetridge, 1995）[1]指出，竞争力分为企业竞争力、产业竞争力和国家竞争力。Walsh、Vivien[2]将竞争力区分为宏观、微观和结构竞争力。法滋玻将竞争力区分为潜在竞争力和现实竞争力[3]。张金昌基于竞争主体的角度，将竞争力分为国家、地区、企业、产业、区域利益共同体竞争力；基于竞争对象的角度，将竞争力分为产品、价格、成本、生产率、规模、出口竞争力等[4]。

美国经济学家布鲁斯·斯科特认为，国家的竞争能力是指一国在国际经济活动中与其他国家生产的商品或劳务进行竞争时，为满足日益提高的社会福利和人们生活水平的需要，所具有的生产、分配和销售商品和劳务的能力[5]。美国工程院在《国际竞争力的技术发展》报告中认为："国际竞争能力是指一国生产的产品或劳务能够经得住国际市场的考验，并且能够维持或提高居民实际收入水平。"[6]西方研究学者主要通过竞争优势理论、核心竞争力理论和IMD国际竞争力理论三个理论对竞争力进行了深入的研究。

瑞士国际管理发展学院认为，国际竞争力是指一个国家所具有的能够创造增加值和积累国民财富的能力[7]。

魏后凯、吴利学（2002）[8]用回归分析的方法对地区工业竞争力影响因素进行分析，提出影响地区工业竞争力的五个因素，即市场影响力、工业增长力、资源配置力、结构转换力和工业创新力，通过对五种因素进行分析，充分权衡各个影响因素的重要程度，设计了一个简便的测度地区工业竞争力的综合评价指标体系。对于具体因素的影响效应，毛日昇（2006）[9]用计量模型对中国贸易竞争力及其决定因素进行分析，指出贸易专业化水平、劳动生产率、外国直接投资的流入对绝大多数制造行业的市场竞争力提升表现出显著的正相关关系，而资本深化程度、创新能力、进口对技术密集度不同的制造行业的市场竞争力水平的影响差异显著。

在结构变动方面，文东伟、冼国明等（2009）[10]以实证分析的方法，研究1980年以来中国产业结构、贸易结构以及出口竞争力的演变趋势，并分析了外商直接投资（FDI）对中国产业结构变迁和出口竞争力的影响，FDI推动了中国的产业结构的转型升级，并显著提升了中国的出口竞争力。除FDI之外，技术进步和劳动力成本对中国出口竞争力的影响也非常明显。亦有陈晓红、万光羽等（2010）[11]在研究资本结构对产品市场竞争力的影响中指出，资本结构对于企业的产品市场竞争力具有较大的影响，尤其是当外部环境发生较大变化时。

二、产业竞争力的研究

（一）产业竞争力的内涵及本质

对于产业竞争力，不同研究对象的竞争力内涵既存在差异也有共同之处。具体来看，城市产业竞争力方面，张虎春（2005）[12]研究城市产业竞争力是指城市整体产业通过对生产要素和资源的高效配置及转换，稳定持续地生产出比竞争对手更多财富的能力。文化产业竞争力方面，赵彦云、余毅等（2006）[13]认为文化产业竞争力是基于文化产业需求与供给活动的内在发展能力，包括文化内容的竞争力和文化产业活动的竞争力。建筑产业竞争力方面，刘贵文、邓飞等（2011）[14]认为建筑产业竞争力，可理解为在特定的市场环境下，某一地区建筑产业争夺资源、市场和实现资源优化配置的能力。医药产业竞争力方面，吴韶宸（2012）[15]定义医药产业竞争力为集聚力、支撑力、创新力和成长力的乘积。

通过比较发现，总体上产业竞争力应该是一种综合能力，需要多方面的综合考量，是产业获得快速和可持续发展的综合能力。综合研究观点方面，张金昌（2002）[4]认为，产业竞争力是由产业内各个企业竞争力构成的，是企业整体竞争力的体现。张超（2002）[16]认为产业竞争力是不同国家的同类产业之间的比较，具体表现为产业间效率、生产能力和创新能力的比较，最终体现在产品市场上的竞争能力。在产业竞争力的本质方面，波特（1990）[17]对产业竞争力的本质进行了研究，认为产业竞争力是国家间或一国内部区域间的同一产业在市场竞争的过程中表现出来的能力，可以通过市场份额以及盈利水平得到反映，通过产业规模及产业效率进行测度。

（二）产业竞争力构成

在关于产业（企业）竞争力的研究中，国内外学者从国民经济、组织结构、市场竞争、要素等角度对竞争力的构成和内在影响因素进行了深入的分析和探讨。

基于大系统论的观点，胡宜挺、李万明（2005）[18]认为，企业所具有的各种要素及其对各种要素的整合能力是企业核心竞争力构成的基础，这些要素包括能力、资源和知识。一个企业只有合理、有效地利用这三个方面的要素，才会使企业在未来激烈的市场竞争中占据优势。对于产业竞争力影响要素而言，芮明杰（2006）[19]在构建产业竞争力的钻石模型中表明，在国民经济中对产业竞争力影响最大、最直接的因素主要有生产要素、相关和支持性产业及企业战略、需求条件、结构和同业竞争。只有正确处理好这四个因素之间的关系，才能让本国经济高速发展。进而，吴忠才（2009）[20]在研究影响城市商圈竞争力中，利用文献研究和实证分析相结合的方法，论证了区位要素、规模要素、业态要素、品牌要素是影响城市商圈竞争力的主要因素。

从市场要素视角上，马书彦、邓成华（2014）[21]从市场竞争的角度提出了企业在市场上直接表现出来的能力即企业竞争能力。企业间的竞争实质是对消费者和市场占有率的争夺，这种争夺的胜负取决于消费者对企业产品及服务的选择。因此，企业竞争力的来源表现为对产品和服务的竞争能力。同时，黄志勇（2012）[22]从组织结构的角度指出产业组织效率对产业的竞争力优势具有显著的影响，产业组织效率通过竞争性组织结构和规模经济两方面影响着产业竞争优势。

而竞争力由外在表现和潜在因素共同决定，外在竞争力是一个企业现在所表现的竞争力，而潜在竞争力决定着企业未来的发展潜力和前景。赵冬梅、周荣征（2007）[23]指出显性竞争力主要表现在产品的市场控制力和企业财务状况等外在方面上，是现有的条件下一个企业能够与其他企业在市场上竞争的外在表现力；而隐性竞争力主要表现为环境因素、营运能力、经营安全能力、企业资源以及科技创新能力，这些因素直接影响和决定着企业的竞争实力。

（三）竞争力评价指标

竞争力评价指标的研究中，既有细化的个别量化指标测度，也有综合指标体系的构建。在运用进出口数据指标反映竞争力时，主要是通过市场份额来衡量产业竞争力。具体指标主要包括比较优势指数 RCA、国际市场占有率 MS、贸易竞争指数 TC、产业内贸易指数 IIT、出口产品质量指数、竞争优势指数 CA、进出口价格比以及出口优势变差指数 8 个指标。其中，邹薇（1999）用 RCA 作为主要评价指标，以 TC 为辅助指标，根据国际贸易标准分类（SITC）所涉及的九大类产业与产品，计算了中国 1965—1995 年比较优势的演变情形[24]。陈佳贵、张金昌（2002）[25]，卢艳秋、余戈等（2003）[26]，赵文丁等（2003）[27]采用比较优势指数 RCA 评估了 20 世纪 90 年代中国在国际贸易中的优势及其变迁，对中国制造业参与国际分工的比较优势做出实证分析。汪斌、邓艳梅（2003）[28]用比较优势指数 RCA 和产业内贸易指数 IIT，根据 10 年的统计数据分析了中日贸易中工业制品的比较优势以及产业内贸易发展的状况，结果显示中日两国间国际分工仍以垂直分工为主，同时在某些领域具有向水平分工发展的特征。经济效益指标方面，蓝庆新、王述英（2003）[29]主要通过对 2000 年中美及世界制造业平均利润率水平进行比较分析，明晰了中国产业竞争力状况。张其仔（2003）[30]为了克服市场指标的局限性，在原有指标的基础上，增加了效率指标用来测度产业竞争力。增加的效率指标包括资产利润率、劳动生产率和流动资金周转指数。动态和静态指标方面，王连芬（2005）[31]通过动态分析和静态分析相结合的研究方法对影响竞争力的生产、技术、市场、环境、资本和组织竞争力六个方面的动态变化指标进行了分析。综合指标体系方面，赵冬梅、周荣征（2007）[23]从显性竞争力和潜在竞争力两个维度，构建了评价竞争力的一级指标、二级指标和三级指标。奉钦亮、张大红（2010）[32]运用主成分分析方法，提炼出影响竞争力的主要因素，并对主要因素影响的角度进行分析，得到主要由资源禀赋、营销理念、产业结构和发展战略、政策四个方面影响一个企业的竞争力的结论。陈虹、章国荣（2010）[33]采用理论分析与实证分析相结合的方法，通过国际市场占有率指数、TC指数和RCA指数对贸易发展现状进行研究，从人力资本（HR）、人均国民收入（PGDP）、贸易水平（GT）、服务水平（DL）、外商直接投资（FDI）、服务开放度（OD）和服务出口总额（ST）七个维度分析了影响中国国际贸易竞争力的因素。汪易易（2012）[34]以灰色理论为基础，对竞争力进行评价，从利用外资、技术推广投入、新增固定资产、渔船总吨、渔业人口、科研教育投入六个维度对山东省渔业竞争力进行了评价，得到了各个因素对渔业发展水平影响的关联度。

（四）评价方法

严于龙（1998）[35]在分析中国区域经济竞争力时，构建了衡量区域竞争力评价8个一级指标和17个二级指标，其中一级指标包括区域经济实力、政府作用、对外开放程度、管理水平、金融活动、科学技术、基础设施和人力资本，运用主成分的方法对其进行降维处理，对1980—1995年中国区域经济竞争力进行了排序分析。迟国泰、郑杏果等（2009）[36]利用主成分分析法，从定性的角度对商业银行竞争力进行分析，解决了理论不够全面、指标体系混杂的问题，找出了影响商业银行竞争力的主要因素及其重要性排序，但是该方法只是从定性的角度分析了影响商业银行竞争力的因素，没有从定量的角度得出各个因素对商业银行竞争力具体的影响程度。陈军华、陈光玖等（2009）[37]采用模糊评价法对石油企业人才竞争力进行评价，将评价企业人才竞争力的因素分为三个层面进行分析，并对各个因素进行加权，构架了石油企业人才竞争力评价体系，但是该方法没有解决各个层次之间的相关性问题，导致评价体系的可信度降低。吕梁、高红等（2010）[38]以数据包络分析法（DEA）为基础，对中国港口竞争力进行评价分析，从决定港口的几个方面，即起重设备数、集装箱泊位数、堆场面积（万 m^2）、港口国际航线、集装箱吞吐量（万 TEU）、货物吞吐量（百万 t）、外贸集装箱吞吐量（万 TEU）、外贸货物吞吐量（百万 t）进行分析，得到了深圳港综合竞争力评价，并对深圳港的发展给予合理化建议。在运用 DEA 方法分析时，仅是对各个企业年度的竞争力进行静态比较分析，没有对各个企业竞争力进行动态比较，导致没有从外部发现可能出现的问题，分析存在局限性。解佳龙、胡树华等（2011）[39]在对中国高新区竞争力进行研究时，采用突变级数的方法，根据数据的可得性和突变级数法的评价要求，分别从国际创汇能力、创新能力、社会贡献能力、支撑能力四个方面选取 8 项二级指标和 21 项三级指标对中国高新区竞争力进行评价分析，得到了中国各个高新区竞争力的排名，对中国高新区的地域集中和发展水平现状给出了合理的建议。虽然该方法在很大程度上排除了主观因素的影响，能够对各个地区年度竞争力进行评价比较，但是对于各个年度的静态评价存在缺点，不能很好地评估中国竞争力发展趋势。代碧波（2013）[40]用因子分析法对各个相关性较大的因子进行分组，得出了影响高新技术产业的主要因素，为高新技术的发展提供了导向，但是在研究中只考虑了静态因素的影响，没有考虑到时间序列中动态因素的影响，使构建模型和结构有一定的时间局限性。刘希宋、李响（2005）[41]运用偏离—份额法基于高技术产业 1997—2001 年的相关数据计算各指标，对高技术产业群中的各产业部门进行评价和比较分析，基于竞争分量和其相关指数得出了中国高技术产业群中五大产业部门竞争力排序结果。

（五）竞争力形成机理

通过产业集群获取企业竞争力的研究，张辉（2003）[42]从区域资源利用能力和学习效用两个方面论证了产业集群所获取的正面市场竞争力，同时又通过简化市场交易对象，将原来由众多千差万别的中小企业作为市场主体参与的市场活动转化为在集群内部按照网络关系组成的一个产业集群来完成各种交流和交易，从而减少或降低了市场低效率或市场失灵的可能性，从反面获取了市场竞争力。同样，肖泽磊（2010）[43]从集群的角度，运用改造后的SCP模型，分析创新要素集聚给武汉光谷带来的竞争优势，为创新网络的运作机理的研究打下基础。基于形成要素作用关系的实证角度，杨莉（2010）[44]从定性与定量两方面分析航空客运企业的核心竞争力形成机理，运用结构方程模型定量研究航空客运企业的核心竞争力能力系统内各要素间关联作用的大小，以及各要素在核心竞争力形成和发展过程中的作用力度，将定量研究的结果支撑定性分析各要素在核心竞争力形成过程中的作用性质。在学者杨莉研究的基础上，刘炳胜（2010）[45]运用结构方程构建了中国建筑产业竞争力形成机理的静态SEM模型，在此基础上建立了中国两区域建筑产业竞争力的动态博弈模型，研究发现区域地方保护、区域经济、生产要素投入与其决策能力和产业集中度四个因素是区域建筑产业竞争力的博弈过程中重要的影响因素。近几年，学者开始关注资源价值链的竞争力形成机理研究，陈连芳、严良（2012）[46]在对石油资源创业竞争力形成机理中基于成熟的资源整合观RIBV和价值链理论在产业集群层面扩展，通过融合集群资源价值链整合，研究得出基础资源、人力资源、社会关系资源通过油气集群资源价值整合的完全直接作用间接地对油气集群价值链形成产生正向影响，资本资源则通过油气集群资源价值链整合的部分中介作用对油气集群价值链形成产生影响。同时，企业及产业竞争力也是讨论的焦点。杨柳（2013）[47]认为价值转移和价值创造的互动共同构成了价值活动，形成电影产业竞争力的基础；文化创新和科技创新成为电影产业创新的驱动因素，对电影产业的各项价值活动起着重要的影响作用，形成电影产业创新竞争力；电影产业的基础竞争力和创新竞争力构成了电影产业的国际竞争力，创新竞争力是提升电影产业国际竞争力的关键。钱兴华（2014）[48]运用实证分析方法，研究中国船舶工业竞争力形成机理，分析了劳动力资源、基础设施和市场需求与企业竞争力之间的关系。研究表明中国船舶产业属于典型的劳动密集型、技术密集型和资金密集型产业，生产效率直接受到劳动力、生产设备等的影响。因此，对船舶产业竞争力产生直接影响的生产要素是劳动力资源、基础设施等，船舶产业发展的主要原动力是国际航运市场及国内航运市场对船舶产品的需求，需求量越大，越能促进船舶产业规模的发展；船舶产业的发展速度会随着需求量的变化而变化。

三、林业产业竞争力研究

（一）国外林业产业竞争力研究

国外对产业竞争力的研究普遍基于森林资源的有效供给及充沛程度将世界各国划分为丰裕型国家和稀缺型国家。这两种类型国家的林业产业发展模式大体上一致，都是林业产业针对国内自有或进口的木材资源进行制造加工，生产并出口具有高附加值的林产品。因而，国外关于林业产业的研究大多都是基于此类型产业发展模式，进一步分析提高木材产业国际竞争力的渠道及方法。

在理论研究层面，继波特深入剖析了多个国家及产业的竞争力之后，在其1990年出版的专著《国家竞争优势》中提出了产业竞争力是由主要影响因素和辅助影响因素共同作用下而形成的。其中，四个主要因素分别是生产要素，相关与支持性产业，国内市场需求，企业战略、企业结构和同业竞争等，它们作为产业竞争力的主要影响因素，构成了产业竞争力"钻石模型"的主体框架；两个辅助因素，即政府行为、机遇，它们是产业竞争力主体框架的进一步补充[17]。国外相关研究还提出了林业产业集群的理论，主要针对林业产业集群的概念、优势、形成的影响要素及实证方面[49]。林业产业集群在一定程度上可以促进林业企业之间的相互竞争和合作，同时也可以整合资源优势，降低产业成本，提高林业产业在国际市场中的竞争力。

从国外林业产业来看，更多地集中在林产品贸易市场问题及贸易条件上。相关研究主要涉及几个方面：在林产品的结构（David J. Brooks，1997）[49]方面，主要研究如何顺应市场化的需求，来提高林产品生产线的宽度和深度；在保护、获得森林资源及其利用效率（FAO，2005）[50]方面，主要研究森林资源出口限制的方法，以保障国内林业产业森林资源获得；针对林产品的市场化及价格问题，即研究林产品的市场走向及价格发展趋势（Peck T. J.，2002）[51]；在林业企业经营战略（Barbier，Edward R.，2002）[52]方面，主要探讨林业企业一系列发展战略，即资源获取战略、市场营销战略、技术创新战略等；有关林业产业发展的技术、组织（Jianbang Gan，2003）[53]方面，研究利用技术创新推动产业的升级、优化产业的组织结构，进而提高林业产业的国际竞争力。另外有学者（Peck，2001）[54]调查发现，作为世界上科技含量最高的企业之一的瑞典林业企业，近几年通过兼并和收购方式，掌握了世界上绝大多数林产品的生产份额。与此同时，荷兰虽然是一个森林资源稀缺型国家，但由于拥有强大的林业加工业，其发展成为世界上十二大林产品出口国之一；在林业产业发展的国际合作（Jean Mater，2005）[55]方面，主要分析林业产业如何通过合资或合作以及战略联盟等形式来开展跨国合作，从而推进林业产业国际化进程。FAO（2004）[50]报告提出以瑞典为例，其作为林业资源富裕型国家，该国的林业产业发展带动了其农业、牧业的发展，并加速了工业化程度，促使产品多元化发展及原料供应的多样化，并且林产品国际贸易促进了国家整体经济的发展；在林产品贸易制度方面，涉及绿色认证制度和许可制度（Ewald Rametseiner，Markku Simula，2003）[56]，即研究如何通过推行森林认证，既能够保证森林资源的可持续运用，又能够限制不符合认证标准的林业企业恶性经营。

综合来说，Ewald 和 Gerhard（2005）[57]将创新过程与系统模型联系起来研究林业创新与创新政策以提升林业产业竞争力。Constance Van Horn 等（2006）[58]对专业型林业产业工业中心创新创造价值和竞争力进行了研究。Matthias 和 Hermann（2007）[59]在分析以货币形式的全球双边贸易数据基础上，对国际木材市场的背景下德国森林工业部门的竞争力进行了研究。Jelaeie Denis（2008）[60]以中国木材加工业发展为前提，研究其发展的影响关联因素。Bin Mei（2010）[61]对美国的林业产品行业财务绩效并购事件的影响进行了分析。Nenad Savić等（2011）[62]基于波特的钻石模型的理论工具要素条件分析影响马其顿林业产业竞争力创造和竞争优势发展的因素。亦有 Ajani（2011）[63]特别关注中国林业产业在全球的木材市场、木材资源生产和价格走势情况。Klaus Seeland 等（2011）[64]研究了瑞士中部区域森林组织和他们的创新行为对林业产业竞争力和区域发展的影响。James 等（2012）[65]对埃塞俄比亚西南部提升林业产业竞争性和可持续发展做了分析。Gan（2013）[66]基于离岸外包模式对美国制造林业产品的经济和环境竞争力进行研究并提出建议。

（二）国内林业产业竞争力研究

目前，我国已有一些学者和专家对林业产业竞争力进行过研究。其中对林业产业竞争力的分析大多限于对个量指标的分析，较少对我国林业产业区域竞争力进行综合分析。

在我国林业国际竞争力方面，孔凡斌（2006）[67]针对中国林业产业国际竞争力展开研究，他基于波特的钻石模型理论分析竞争力的主要影响因素，并评价了中国林业产业的竞争环境，其中考虑了数量、价值、占有率、价格、利润水平以及劳动力效率等方面因素；毛力（2007）[68]基于贸易相关理论和竞争力的指数分析方法研究中国林产品的国际贸易及国际竞争力，运用产品的市场占有率、比较优势和竞争指数分析了中国林产品的国际竞争力，分析认为中国在对外贸易中的优势是劳动力资源，这也是主要的竞争力来源。龙叶（2011）[69]通过构建分析框架从定性和定量两个角度分析外资对中国林业产业国际竞争力的影响，并为进一步完善中国利用外资的宏观环境提出建议，提高外资促进中国林业产业国际竞争力的影响力，进而促进中国林业产业的可持续发展。

王晓栋（2007）[70]在构建中国林业产业竞争力评价指标体系时，

用主成分分析方法并结合波特的"钻石模型"评价了中国木材产业的国际竞争力，找出中国木材产业发展过程中的问题和机遇，并从劳动力市场、国际竞争等角度提出相关产业发展建议。徐军（2014）[71]基于波特的五力模型分析了我国造纸产业的国际竞争环境，在梳理我国造纸产业发展现状的基础上，运用国际市场占有率、贸易竞争指数及显示性比较优势指数，对我国造纸行业国际竞争力进行测度。宋维明（2009）[72]基于规模经济贸易理论分析我国林业产业规模化发展，提出规模化经营是产业形成可持续国际竞争力的关键，并分析了我国林业产业在产业规模、劳动力成本、进出口和技术创新等方面存在的问题。最后提出我国林业产业规模化发展的支持性政策体系及政府在规模化发展中起主导作用。

同时，对国内区域林业竞争力的比较也是学者们探讨的热点。宋诚英（2007）[73]利用近年的林业数据采用竞争力评价方法对包括江西省在内的全国八个省（直辖市、自治区）的林业资源、产值、产业结构等进行分析，最终得出江西相对周边七省（直辖市、自治区）的竞争力地位。李波（2008）[74]分析了湖南省林业产业的发展状况，并探讨了林业产业竞争力的优势因素和劣势因素。姜钰（2008）[75]基于循环经济的思想评价黑龙江省林业产业竞争力，构建生态循环型产业的评价体系。综合区域及国际竞争力的视角，顾晓燕（2009）[76]对我国主要的木质林产品的数据进行分析，采取了国际市场占有率、贸易竞争指数、显示性比较优势指数、出口增长优势指数、出口依存度、出口贡献率、净出口七个国际竞争力评价指标对我国木质林产品国际竞争力的实证分析。奉钦亮、张大红（2010）[32]和英磊（2010）[77]基于主成分分析方法分别对我国的林业产业区域竞争力进行了分析，前者选取了森林面积、森林蓄积量、林业产业总产值、林业固定资产投资、林业从业人员、专业技术人员投入、劳动生产率七个指标，而后者选取了涵盖林业资源要素、林业产品市场需求、林业产业化水平三个层次的十个指标，最后提出了政策建议。刘传奇（2010）[78]综合IMD竞争力评价模型与李闽榕先生的省域竞争力评价模型，综合分析了福建省各市林业竞争力，并对涉及的 26 个林业指标进行分类研究，得出了福建省各市林业竞争力的优劣势，并对福建省林业竞争力的提升提出一些建议，但是该研究在分层研究时没有考虑到各个分层之间的相关性，只是从不同方面进行分层，对于各个因素的内在影响没有考虑，导致研究数据存在某种内在联系，降低了评价体系的评价能力。李明圆（2014）[79]、英磊（2010）[77]等对林业产业区域竞争力的研究表明林业产业的发展在资源和产业基础方面的传统优势较为明显；凌棱（2014）等[80]对林业产业企业竞争力的研究表明林业产业在发展中存在资源、产业基础优势。尽管不同的学者在不同的视角下对林业产业国际竞争力和区域竞争力进行了研究，但是由于研究的视角不同，导致研究结果存在分歧，这也使得对林业产业竞争力的构成缺乏一致性意见。

曹颖（2012）[81]在对黑龙江省林业产业结构进行分析时运用偏离—份额分析法对黑龙江省 2001—2010 年林业产业结构与区域竞争力进行了实证分析，并依据研究结果，提出优化林业产业结构、增强第三产业竞争力、提升第二产业规模效益等对策。田云、张俊飚等（2012）[82]在对我国林业产业区域差异的分析中，基于 13 个指标，运用主成分分析法对我国除香港、澳门、台湾之外的 31 个省（直辖市、自治区）的林业产业综合竞争力展开分析。

黄蓓、王瑜（2011）[83]引用国外研究林业产业竞争力比较好的 GEM 模型对我国林业产业竞争力进行集群分析，并在原有模型的基础上增加"第四因素"的影响，提出 GEMS 模型，构建我国林业测验竞争力评价体系；王颖曼、贾利（2014）[84]在对黑龙江林业产业竞争力进行评定时，利用集群研究的方法，采用区位熵的方法来度量黑龙江省林业产业竞争力。奉钦亮、覃凡丁（2012）[85]用主成分分析法对林业产业竞争力进行计量分析，利用 20 个指标评价各省林业产业竞争力并进行排名，对林业发展提出一些政策上的可行性建议，但是文章在研究中对各个主要成分的权重的确定方法没有详细的说明，也没有排除各个主成分之间可能出现的相关性问题，这就导致建立的评价体系科学性和客观性降低，可信度下降。同样，田云、张俊飚等（2012）[82]对我国除香港、澳门、台湾之外的 31 个省（直辖市、自治区）的林业产业综合竞争力分析表明：黑龙江、云南、西藏综合竞争力居于全国前三位；宁夏、天津、青海则位于后三位。聚类结果显示黑龙江等十个省（直辖市、自治区）属于林业产业"高水平—高潜力"地区；海南等五个省（直辖市、自治区）属于"高水平—低潜力"地区；西藏等五个省（直辖市、自治区）属于"低水平—高潜力"地区；新疆等十一个省（直辖市、自治区）属于"低水平—低潜力"地区。孙雪、许玉粉（2014）[86]选取林业产业竞争力的 10 个分析指标，通过主成分分析方法计算我国除香港、澳门、台湾之外的31 个省（直辖市、自治区）林业产业竞争力的综合得分并排名。结果表明在这些省市区范围内，吉林省林业产业竞争力排名第 9 位，综合得分 0.49371，产业竞争力还有很大提升空间。为了解决各个不同影响评价指标影响权重的问题，魏远竹、郑传芳等（2009）[87]在对我国林业产业竞争力的研究中，通过专家会议法对各个不同指标赋予相应的权重，通过主成分分析法对各个省的竞争力进行评价，得到了各个省竞争力的影响排名，并对林业产业发展趋势给予阐述说明，但是该分析赋予的权重由专家会议法得到，在选择专家和由专家进行打分等方面主观因素较多，没有很客观的分析，存在专家会议法无法避免的缺点，导致评价客观性降低。为了增加模型评价的客观性，王刚和曹秋红（2015）[88]在运用熵值法确定指标权重的基础上，根据 OWA 模型和 OWGA 模型分别求出测度目标的功能性状态和协调性状态，并引入偏好系数对两种测度状态进行综合，获得一个综合测度模型。以我国各省（直辖市、自治区）林业产业竞争力为研究对象进行实证测度研究，得到我国各省（直辖市、自治区）林业产业竞争力水平的排序和聚类结果。为了降低时间对评价结果的影响，丁贺（2014）[89]在对北京市林业产业结构和竞争力研究中采用动态偏离—份额分析方法，分析北京市林业产业结构现状及产业竞争力存在的问题。孟利清（2009）[90]针对林业产业供应链问题分析了林产品供应链管理系统的一般组成结构及网络结构，提出了基于 Multi - Agent 的集成林产品供应链管理模型，并利用 Flexsim 仿真软件对模型中的林产品供应商与林产品生产企业供需关系进行了实例仿真研究，最后分析应用供应链管理理论提升林产品供应链中企业核心竞争力的方法。

在低碳环保的背景下，李春波（2012）[91]从低碳和减排两个方面分析我国林业产业竞争力，利用数据分析我国林业产业现状和存在的问题，该方法建立在数据的基础上，更有事实的依据，但是对于如何评价林业产业竞争力，没有建立一个定性的模型。辛姝玉（2014）[92]在对北京市林业产业结构和竞争力的分析中，运用偏离—份额分析法对北京市 2002—2012 年林业产业结构与区域竞争力进行实证分析。李春波（2012）[93]在构建林业低碳竞争力指标体系的基础上，利用因子分析对西南地区进行了实证评价。

四、国内外研究现状评述

目前，有关国内林业产业的研究表明：我国林业产业发展存在着一系列问题，主要表现在资源依赖性严重、现代化林业发展不充分、资源利用率不高、地区不够重视等方面。前人的研究为本文研究提供有效的指导，通过总结国内外林业产业竞争力的相关研究，其大体上存在着以下几个特征：

第一，国内外的研究热点集中在有关国际竞争力的研究，以及针对某个产业竞争力的研究，针对区域之间林业竞争力对比研究还处于起步发展阶段，同时也受到越来越多学者们的关注，有必要以林业产业竞争力作为研究对象进一步研究，丰富其相关理论体系。

第二，国内外产业竞争力研究文献中，评价指标的选择是竞争力评价关键，目前在指标体系构建以及林业产业竞争力构成等方面，缺少系统全面的理论模型作为支撑，关于林业产业竞争力评价指标体系构建的研究还需要进一步加强。

第三，基于对林业产业竞争力及相关研究的分析发现，目前关于产业竞争力的评价方法较多，但是很少能有效应用到林业产业竞争力评价上，尤其是对林业产业分区域竞争力进行实证评价还需要进一步挖掘。

纵观国内外文献研究，在研究中方法各不统一，研究结果也各有差别。其中较多的是主成分分析法和集群理论评价分析林业产业竞争力，构建林业产业竞争力的评价体系，但是在构建评价体系时没有充分客观地对各个因素权重进行客观的处理，或者没有考虑到各个因素之间的关联性，缺乏理论模型支撑，从而也导致了研究存在不足，有待进一步深入。

本书通过对林业产业竞争力现状的分析，运用结构方程模型深入分析林业产业竞争力的影响因素及其形成机理，进一步揭示林业产业竞争力形成机理；构建林业产业竞争力评价指标和评价模型，从静态和动态相结合的视角测度林业产业竞争力水平，对于增强林业产业竞争力、实现林业产业可持续发展具有重要的理论价值和实践意义。

第三节　主要内容和研究方法

一、主要内容

通过对现有文献的梳理对林业产业竞争力的含义进行了界定，分析了林业产业竞争力的特征，并比较分析了我国林业产业中的第一、第二和第三产业的产出结构、内涉林业和外涉林业产业产值、产业规模；对我国林业产业不同区域资源现状、林业产业区域竞争力投资发展竞争力现状进行分析，找出了我国林业产业区域竞争力存在的问题，并对其成因进行分析。构建了林业产业影响形成机理的概念模型，提出了研究理论假设，设计研究量表和调查问卷。通过多个渠道发放调查问卷，获得相关数据，运用 SPSS 和 AMOS 等相关软件对量表数据的信度和效度进行检验，对提出的理论假设进行验证，揭示了影响因素对林业产业区域竞争力的影响形成机理。结合林业产业实际特点，构建了林业产业竞争力"四位一体"模型，即林业产业产业环境竞争力—基础竞争力—核心竞争力—外显竞争力及各要素推动作用关系，进一步分析了该模型构成要素间的关联关系。设计了林业产业区域竞争力评价初选指标体系，运用群组决策特征根方法（GEM）对林业产业竞争力初选评价指标体系的关键指标进行识别，运用 Pearson 方法评价指标的相关性，构建了我国林业产业区域竞争力评价指标体系。根据林业产业区域竞争力的特点，构建了基于熵权法、Topsis 综合评价法、线性加权函数法的我国区域林业产业竞争力评价模型，通过查阅统计年鉴获得的统计数据，从静态和动态对我国省际区域林业产业竞争力进行评价；通过对评价结果进行分析将林业区域产业竞争力划分为最强竞争力、强竞争力、弱竞争力和最弱竞争力四个梯队。分析了四个梯队中各省（直辖市、自治区）林业产业竞争力的地区差异性及其成因。在此基础上结合我国林业产业的区域实际和未来国家战略重心，从宏观层面、中观层面和微观层面给出了提升其林业产业竞争力的对策。

二、研究方法

本书对林业产业竞争力的研究过程运用了以下方法：

（1）通过文献资料与历史数据统计结合法，运用中国统计年鉴、中国林业统计年鉴、中国科技统计年鉴、中国工业经济统计年鉴、中国家具年鉴、中国劳动年鉴、部分省（直辖市、自治区）的统计年鉴以及根据政府部门及相关网站发布的权威数据，对中国林业产业竞争力的现状进行系统分析，进而运用结构方程模型（SEM），对中国林业产业竞争力的影响因素、形成机理及水平进行了测度与评价。

（2）运用因素分析法分析了林业产业区域竞争力的影响因素，从系统的观点出发，构建了林业产业竞争力"四位一体"构成要素模型。剖析了林业产业竞争力构成要素及其关联关系。

（3）依据林业产业区域竞争力评价指标体系构建原则，构建了林业产业竞争力初选评价指标体系，运用群组决策特征根方法（GEM）对林业产业竞争力初选评价指标体系的关键指标进行识别，运用 Pearson 方法评价指标的相关性，形成了我国林业产业区域竞争力评价指标体系，为林业产业区域竞争力评价提供了科学的方法。

（4）构建了基于熵权法、Topsis 综合评价法、线性加权函数法的中国区域林业产业竞争力评价模型，通过查阅统计年鉴获得的 2013 年统计数据，从静态对我国省际区域林业产业竞争力进行评价；运用林业产业 2006—2012 年的统计数据，从动态对我国省际区域林业产业外显竞争力、核心竞争力、基础竞争力和产业环境竞争力进行评价和分析,通过对评价结果进行分析将林业产业区域竞争力划分为最强竞争力、强竞争力、弱竞争力和最弱竞争力四个梯队。

研究技术路线的总体思路如图 1−1 所示。

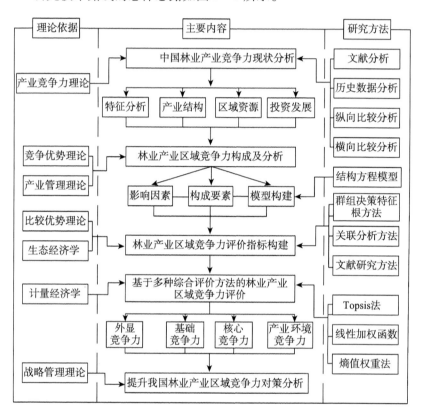

图 1−1　研究总体思路

Fig. 1−1　General idea of research

第四节　创新之处

首先,通过文献梳理发现林业产业竞争力的研究主要集中在国际层面和细分产业上,当范围放到国内整体以及区域林业产业上时竞争格局会有新的变化和特点,而以整体和区域林业产业作为研究对象的竞争力研究目前不是太多。其次,多数文献对林业产业的影响因素考虑单一，以理论分析为主，并忽略了其复杂的形成机理，缺乏对林业产业影响因素及林业产业竞争力影响形成机理的实证研究。再次，文献中大多将产业竞争力影响因素和构成要素混为一谈，没有科学有效的区分和深入分析林业产业竞争力构成要素间的关联关系。最后，针对林业产业竞争力评价，缺乏相对合理和适用于林业产业的指标评价体系和分析方法。基于这些方面，本书在以往研究的基础上通过对比分析和总结来梳理，有以下几点创新之处：

（1）从主体影响因素和客体影响因素对我国林业产业区域竞争力的影响因素进行分析，构建了林业产业影响形成机理的概念模型，首次运用 SPSS 和 AMOS 等相关软件对提出的理论假设进行验证，创新揭示了影响因素对林业产业竞争力影响形成机理。

（2）在分析影响因素对林业产业区域竞争力影响形成机理基础上，结合林业产业实际特点，首次构建了林业产业竞争力"四位一体"模型，进一步揭示了林业产业区域竞争力构成要素间的推动作用及关联关系。

（3）通过对比分析和总结梳理已有研究，提出相对合理和适用于林业产业的指标评价体系，并通过群组决策特征根方法（GEM）和 Pearson 方法对林业产业竞争力初选评价指标体系的关键指标进行识别，构建出由外显竞争力、核心竞争力、基础竞争力和产业环境竞争力 4 个二级指标、10 个三级指标和 24 个四级指标构成的中国林业产业区域竞争力评价指标体系，为林业产业竞争力评价提供了科学的方法。

（4）针对目前林业产业定量评价技术缺陷，构建了基于熵权法、Topsis 综合评价法、线性加权函数法的中国省际区域林业产业竞争力评价模型，从静态和动态对我国省际区域林业产业外显竞争力、核心竞争力、基础竞争力和产业环境竞争力进行评价和分析，验证了模型的科学性和有效性，为进一步研究我国区域林业产业竞争力的静态测评与动态测评提供了测评工具。

第二章 林业产业竞争力现状分析

林业产业在国民经济发展中起着基础性的作用，同时又在生态环境建设中具有特殊的调节作用，分析林业产业的特征和我国林业产业区域发展的现状，找出林业产业市场发展存在的主要问题，并对其成因进行分析是深入研究林业产业区域竞争力的前提和基础。

第一节 产业结构状况分析

一、我国林业各个产业现状分析

1. 林业第一产业

林业第一产业可以分为涉林产业和林业系统的非林产业，根据2013 年数据，涉林产业产值占 95.59%，达到 15652 万元。林业产业第一产业中涉林产业的产值在第一产业中所占的比例如图 2 - 1 所示。

图 2 - 1 中，经济林产品的种植和采集在第一产业涉林产业中占绝对比例（59.03%），所以经济林是我国林业第一产业中的主要经济来源，其次是花卉及其他观赏植物种植，花卉及其他观赏植物种植虽然起步较晚，但目前其产业已经初具规模，其产业产值占我国林业产业第一产业中涉林产业的 10.40%，随着生活质量提升和需求增大，花卉种植业具有广阔发展前景。林木的培育和种植占我国林业产业第一产业中涉林产业的 8.16%，林业育种和育苗可以细分为林业育种、林业育苗两个方面，二者产业规模所占的比例分别为 8.82% 和91.18%，其中林业育苗占比较高，政策带动明显。木材和竹材的采集和运输中木材部分占 77.34%，竹材的采集和运输所占的比例相对

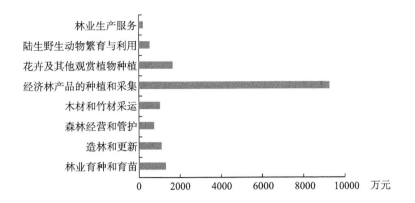

图 2 - 1   2013 年我国林业第一产业中涉林产业的产值规模

**Fig. 2 - 1   China's first production value involving
forest industry in 2013（ten thousand yuan）**

较小，这一方面是由于产出地域的限制，我国竹材主产在南方，同时也反映了政策导向，由于林业产业的生态环境效应越发重要，并且近年来，国家出台限制森林砍伐的相关政策，致使依靠木材资源发展起来的产业如今整体发展速度下滑。此外，占林业第一产业高达59.03%的经济林产品中新鲜水果与坚果类的采集占整体产值的49.93%，而药材、食茶等林业食品占整体的比重较小；与此同时，全世界各国通力合作保护野生动物，尤其是濒临灭绝的珍稀动物，目的是恢复整个生态链的正常运行，所以近年来野生动物的狩猎下降，野生动物的产品仅占6.3%。

2. 林业第二产业

林业第二产业同样由涉林和非涉林产业两个部分组成，其中涉林产业 2013 年产值为 24319 万元，占 97.37%，如图 2 - 2 所示。

通观整个第二产业的子产业可以发现，按照产出规模排序，木材加工及木、竹、藤、苇制品制造在涉林产业中所占的比例最高（41.01%），在我国林业第二产业的产出规模中位居第一名，其产值达到了约 9973 万元，比排名第二的木、竹、苇浆造纸和纸制品（21.37%）高出 4776 万元，成为第二产业的支柱性产业。造纸是高污染行业，目前正面临着产业的全面升级，产业扩张速度受到一定限

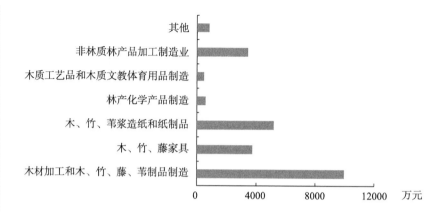

图 2 - 2 2013 年我国林业第二产业中各个子产业的产出规模

Fig. 2 - 2 Output scale of forestry industry in each of the second

sub - industries in 2013（ten thousand yuan）

制。木质家具还在消费市场上处于主导地位（80%），由于其不可替代性，仍然具有发展潜力，木、竹、藤家具的产出规模在我国林业第二产业中位居第三名，其后依次是木质工艺品和木质文教体育用品制造、林产化学产品制造和其他。

从产业结构来看，随着林业生态功能加强和林木加工过程的外部非经济性，整个产业面临产能升级的问题。

3. 林业第三产业

作为环境友好型产业的涉林产业和非涉林产业第三产业，所涵盖的亚产业都具有外部经济性的可持续发展性，加强林业第三产业发展是经济性和可持续性的双赢举措。

图 2 -3 表明我国林业第三产业中各个子产业的产出规模，与我国林业第一、第二产业相似，涉林产业也是我国林业第三产业的主要收入来源，产值达 5326 亿元，占第三产业总产值的 89.28%。其他各子产业的规模中林业旅游与休闲服务规模最大，占涉林产业整体规模的 79.79%，而产值也高达 4249 万元，这是因为改革开放以来，我国经济发展迅速，人们对生活质量的要求提高，使国内旅游业获得了较快发展，此外，借助林业资源发展起来的林业相关旅游和休闲服务是当下比较受欢迎的旅游方式。排在其后的产出规模是林业公共管理及

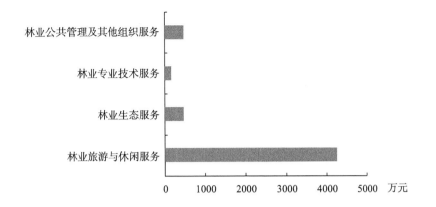

图 2 – 3　2013 年我国林业第三产业中各个子产业的产出规模

Fig. 2 – 3　Output size of various sub – industries of forestry

tertiary industry in China（ten thousand yuan）

其他组织服务，由于林业资源的丰富性与再生性，国内很多地区经过合理规划，借助社会力量进行林业公共管理，并建立与林业相关的服务组织，取得了较好的成效。而林业生态服务与林业专业技术服务在林业第三产业中所占比重比较小，由于国内的整体服务业都处于发展初期，服务业的管理和运作都不是很完善，而林业生态服务业更是处于发展的低端时期，所以对林业经济总量的贡献微弱。

二、我国林业不同产业之间的比较分析

我国林业产业第一、第二和第三产业产值如表 2 – 1 所示。2003年时我国林业总产值为 5860 亿元，到 2013 年就达到了 47315 亿元，增长了 707.42%。在产业结构中的第一产业增长 365.41%，第二产业增长 1144.18%，第三产业增长 1771.76%。总体来说，第一产业的增长率远低于林业产业整体的增长率，这是由社会整体环境决定的，因为随着人们生活质量的提高，反而对林业初级产品的需求下降，而更多的是追求林业产品的高端附加值产品，致使林业第一产业近年来增长缓慢。同时，我国也颁布了相关的林业法规，减少了人们对林业进行粗放式的砍伐。第二产业的增长率是林业整体增长率的 1.5 倍，实际上这是第一产业的劳动力向第二产业转移导致的。第三产业的增长

25

率是整体增长率的 3 倍，这是由服务业本身的高收益导致的。随着林业旅游和休闲服务业的兴起，第三产业将会继续保持其旺盛的增长力，成为林业产业的支柱性产业。

表 2 – 1　2003—2013 年间我国林业各个产业产值规模和比例

Tab. 2 – 1　Forestry industry output scale and proportion between 2003 and 2013

年份	第一产业产值/万元	所占百分比	第二产业产值/万元	所占百分比	第三产业产值/万元	所占百分比	林业总产值/万元
2003	35180847	60.0322%	20074326	34.2546%	3348085	5.7131%	58603258
2004	38875371	56.4048%	25611234	37.1597%	4435461	6.4355%	68922066
2005	43555608	51.4918%	34865412	41.2182%	6166398	7.2900%	84587418
2006	47088160	44.2050%	51983970	48.8011%	7450032	6.9939%	106522162
2007	55462139	44.2514%	60339163	48.1426%	9532909	7.6060%	125334211
2008	63588230	44.6663%	66681082	46.8389%	12093432	8.4948%	142362744
2009	72252565	41.3020%	87179183	49.8345%	15505588	8.8635%	174937336
2010	88952112	39.0500%	118769494	52.1399%	20068626	8.8101%	227790232
2011	110561944	36.1352%	166883963	54.5431%	28521401	9.3217%	305967308
2012	137485185	34.8497%	208983022	52.9729%	48040868	12.1774%	394509075
2013	163737921	34.6056%	249761641	52.7865%	59654834	12.6079%	473154396

数据来源：《中国林业统计年鉴》及国家林业清查报告。

通过图 2 – 4 可以看出林业产业中的第一、第二、第三产业近 10 年来的发展情况：林业第二产业和第三产业整体呈增长趋势，而林业第一产业出现下滑趋势。林业第一产业在 2003 年占整体产出比重高达 60%，在随后的几年里出现了大幅下滑，这说明我国林业产业最初走的是传统的粗放的发展之路，但是近年来由于对森林的大量砍伐和对生态环境的破坏，第一产业的发展开始受限，所以整个产值开始下降。相比之下，第二产业和第三产业近年来获得了较大发展，在国家政策的引导下，进行林业接续替代产业发展，并获得了较好成效。由图 2 – 4 可以看出林业第二产业在整个产业的产出中所占比重在 30% ~57% 浮动，在 2006 年产出比重接近 50%，随后出现微微下滑趋势，在 2011 年后再次出现大幅增长趋势。此外，在国家大力发展第三产业的背景下，我国林业产业也充分利用整个经济发展环境，发展相关的林业旅游业等第三产业，由于起步晚，发展基础薄弱，所以其产值比重较低。在此情况下，我国政府开始重视生态环境问题，并提出一系列的发展政策，对林业产业的转型和升级提出了更高的要求，逐步建立以生态环境为中心，兼顾经济和社会效益的战略思想，使我国林业产业在面临森林资源枯竭的情形下，逐步摆脱资源依赖型发展之路，发展林业接续替代产业。

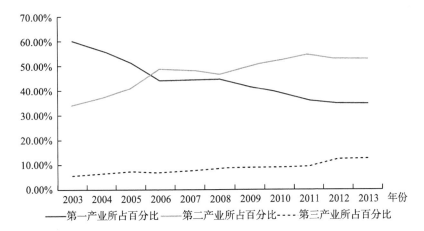

图 2-4　2003—2013 年我国林业产业中第一、第二和第三产业的产出结构

Fig. 2-4　Output structure of the forestry industry in the

three industries in China between 2003 and 2013

表 2-2　2013 年林业各产业内涉林和非涉林产业产值和比例

Fig. 2-2　Forestry - related and non - related forest

industry output ratio table in 2013

产品性质	林业第一产业 产值/万元	比例	林业第二产业 产值/万元	比例	林业第三产业 产值/万元	比例
林业系统 涉林产业	156523685	95.59%	243195037	97.37%	53260049	89.28%
林业系统 非涉林产业	7214236	4.41%	6566604	2.63%	6394785	10.72%
合计	163737921	100.00%	249761641	100.00%	59654834	100.00%

由表 2-2 可以看出林业的三个产业中涉林产业方面，三个产业

的产值都较高，并且第二产业的产值提升的幅度较大，超过了第一和第三产业，这是由于近年来我国林业产业开始逐步摆脱传统发展之路，发展林业相关的接续替代产业之路，使第二产业整体的产值获得了较大提升。此外，林业第三产业的产值远低于第一、第二产业的产值，这是由我国的国情决定的，我国目前处于发展中国家，大多数百姓对物质的需求高于对精神的需求，所以导致第三产业相对落后。林业第一产业产值在林业系统涉林产业和非涉林产业中的产值分别为15652亿元和721亿元；而第一产业的主要产值是来自涉林产业方面，占第一产业整体比重高达95.59%；林业第二产业产值在林业系统涉林产业和非涉林产业中的产值分别为24319亿元和656亿元；其中第二产业的主要产值是来自涉林产业方面，占第二产业整体比重高达97.37%；在第三产业中涉林产业规模为5326亿元，而非涉林产业为639亿元，二者所占比重分别为89.28%和10.72%。由此可以看出涉林产业目前还处于绝对优势。基于数据，目前我国的林业还处于发展阶段，与林业相配套的各种设施和服务还处于初级阶段，其中非涉林产业的发展由于受到很多经济环境的制约所以整体发展处于绝对劣势。

由图2-5容易看出我国林业产业中规模最大的还是涉林产业，并且排在第一的是木材加工的相关产业，其产值高达9973万元，其次是经济林及相关亚产业，该产业来自林业第一产业，其产值为8634万元。此外，林业产品中木、竹、苇浆造纸和纸制品在整个产业中所占比重也不小，产值达4562万元。而林业第三产业中排在最前面的是旅游及休闲产业，产值规模为4249万元，并且从图中我们还可以看出林业产业链上存在很多接续产业，并且这些产业构成了整个林业产值的整体规模。从2013年的截面数据所反映的结果中可以看出，林业第三产业规模较小，但是产业类别丰富，未来的提升潜力较大，同时第二产业已经形成了一定的产业规模，对整个林业产业经济总量的贡献较大，而我国的林业第一产业经过长久的发展，无论是技术还是设备都已经相当成熟，能高效地获取第一产业的价值。林业第二产业的产值可以和第一产业的产值不相上下，第二产业随着不断发展，已经初具规模，成为林业产业的支柱性分支产业。但由于我国的发展起步晚，第三产业处于兴起阶段，还没有形成规模，产值和竞争力还处于低位水平。

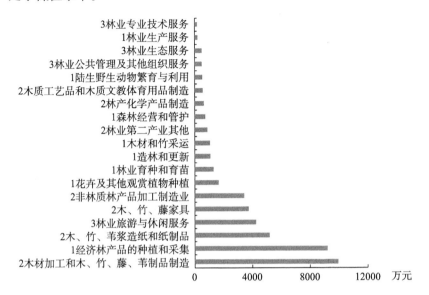

图 2 − 5　我国林业三个产业中的子产业按规模大小分布

Fig. 2 − 5　Size distribution map of each sub − industry in forestry industry

从林业产业结构竞争力格局上看，第一、第二、第三产业的发展水平存在一定程度上的差异，从格局分布的对比上可以看出林业第二产业水平远远高出第一、第三产业，其中第三产业发展最为薄弱。而我国整个产业格局的理想状态是第三产业发展突出，第二产业次之，最后是第一产业作为基本辅助，因此如今的林业产业竞争力格局与我国林业总体战略思路相差甚远，那么建设以第三产业为主导的林业产业是未来我国林业发展的必然趋势。随着我国森林的大力砍伐利用，如今部分地区的林业资源出现枯竭，生态环境破坏，所以在实现小康社会的道路上，我们对林业资源的开发使用要坚持可持续发展，通过对林业产业结构进行调整，利用现代科学技术发展林业产业及其林业接续产业，促使林业第三产业大力发展，提升林业产品的高附加值和林业相关服务业水平。此外，通过调整林业产业格局，将第一产业的发展空间腾出一部分给第二与第三产业，同时第三产业发展中要时刻坚守生态服务与环境友好的理念，进而实现林业资源的合理配置利用。

第二节　区域资源发展分析

一、区域划分选择

本书选取省际数据来对比分析我国林业产业竞争力以及在区域资源方面的林业产业现状特征，限于现状资料省际划分数据的无选择性、无类比性以及定性分析没有计量函数转换的缺陷，为更好地体现林业产业资源现状数据特征，本文进一步进行区域划分并分析其发展现状。根据我国林业的特点，按照原来对别的经济体系进行三大、四大经济区的划分，已经不能详尽地分析我国林业经济体的区域特征。所以本文充分结合我国林业所在不同区域的产业现状，按照六分法把我国分为华北、东北、华东、中南、西南和西北六个区域，来对我国林业产业进行相关分析。具体见表 2-3。

表 2-3　我国不同区域分布

Tab. 2-3　Regional distribution of different regions in China

区域	包括省/市/自治区
华北地区	北京、天津、河北、山西、内蒙古
东北地区	辽宁、吉林、黑龙江
华东地区	上海、江苏、浙江、安徽、福建、江西、山东
中南地区	河南、湖北、湖南、广东、广西、海南
西南地区	重庆、四川、贵州、云南、西藏
西北地区	陕西、甘肃、青海、宁夏、新疆

二、林业产业不同区域资源的状况和特点

由图 2-6 可以看出我国森林资源分布呈现出不平衡的特征，即西南、中南、东北三大地区森林资源偏多，占全国总森林资源的 70% 左右，华北、华东地区森林资源相当，基本都是 15% 的比重，而西北

地区森林资源匮乏不及15%。从第八次林业清查数据的详细报告中得知：我国西南地区森林资源占全国森林总面积最多，多达29.17%，该地区主要以四川和云南两省的森林资源最为丰富，分别占全国的8.4%和9.3%，这是由于西南地区靠近东南亚地区，属于亚热带季风气候，常年降雨量较多，所以树木发木较快，致使森林覆盖面积为全国最大；中南地区的森林面积占全国的21.77%，中南地区地理特征以众多的丘陵和错综复杂的河流水系为主，这就造就了繁茂的森林，其中以广西壮族自治区森林业发展最好，高达6.4%，其余的省（直辖市、自治区）森林所占比例都在5.0%以下，相比之下，东北地区的三个省份以黑土地著名，其林业资源比较丰富而且林木质量较高，仅黑龙江一个省的森林面积就占全国的10%左右，有著名的大小兴安岭林区，著名的松柏树、桦树等经济建设性优良树种；而华北地区的森林面积占全国林业总比重较低，仅仅为15.79%，其中内蒙古地区就达到12.1%，由此可见华北地区包括北京、天津在内的五个省市的区域面积是全国最大，但其森林资源相对贫乏，加之近年来这些地区经济建设的大力发展往往以牺牲环境为代价，对森林的破坏最为突出，例如煤炭资源丰富的山西省，其森林面积仅为220.1公顷，整个省份的绿化与城市建设都缺乏绿色植物；华东地区的森林资源在全国总体来看，不占优势，仅为全国的15.45%。

总体来看，我国森林资源出现枯竭，所以要发展林业产业就需要另辟蹊径，通过现代科学技术、以地区经济发展为依托，大力发展林业的第二、第三产业，其中针对西北地区的环境条件，以种植和培育森林为主，开采使用要适度。

蓄积量能有效反映地区森林资源水平和生态环境状况。按照第八次林业清查数据（见表2－4）显示我国不同地区在森林蓄积上的排名从高到低依次是西南地区、东北地区、中南地区、华东地区、华北地区和西北地区。西南地区的森林蓄积量占到全国40.18%（608244万立方米），东北地区占18.62%（281791万立方米），东北和西南森林蓄积量共占58.80%，说明这两个地区具有良好的森林资源和完善的生态系统；西北地区仅占6.59%，从森林蓄积量来看，西北地区的

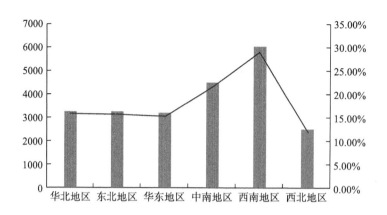

图 2 - 6　2013 年我国各个区域森林面积（万立方米）及比例

Fig. 2 - 6　The proportion of the forest area of each region in China in 2013

生态状况依然脆弱，荒漠化严重，对森林覆盖率有更高需求。各个地区的森林蓄积量除了东北地区在第二次清查和中南地区在第三次清查中有一定的萎缩之外，其余均在逐次递增，总体森林质量处于良性发展状态。随着可持续发展和经济增长方式不断转变，衡量林业产业竞争力不再仅仅以 GDP 指标为标准，更加注重林业生态效益的提高。

表 2 - 4　我国不同区域历次林业清查中的蓄积量数据（单位：万立方米）

Tab. 2 - 4　Accumulated data of forest inventories in different

regions in China（ten thousand cubic meters）

序号	全国	华北	东北	华东	中南	西南	西北
第一次清查	865579	80036	225622	53895	59421	227739	62812
第二次清查	902795	90926	219400	67456	77368	367277	63576
第三次清查	914108	95126	214827	60943	67799	247759	64917
第四次清查	1013700	100007	224111	68294	75227	455830	67522
第五次清查	1126659	110602	235863	80588	92412	494648	76725
第六次清查	1245585	123844	236624	104290	122384	542316	80305
第七次清查	1372080	134976	256744	128886	153118	574843	87693
第八次清查	1513730	156844	281791	156968	174370	608244	99692

　　林业用地面积表明生长林木的土地面积，是森林资源产出量的基本保证，一定程度上反映地区森林资源的丰富程度及竞争力。图 2 - 7

所示为各个地区林业用地分布，西南地区的林业用地为7880.44万公顷，占到全国的25%，相比较该地区40.18%的森林蓄积量，说明该地区的林地立地条件较好；东北地区亦是如此；西南和东北地区的森林蓄积量的比例都超过自身的林业用地面积的比例，主要源于以下几个方面：其一，历史因素，东北和西南在历史上都处于"蛮荒"地区，人口稀少，对植被的破坏低；其二，环境因素，东北靠近北极，气候寒冷，地广人稀，植被有不被干扰的生长环境；其三，西南地区靠近赤道，天气炎热，植被生长速度快；最后，从人文角度上来说，东北和西南地区，经济发展相对落后，对植被的破坏相对较少。华北和西北的林业生长环境较差，33%的林业用地产出16.95%的蓄积量。华北和西北地区森林覆盖率较少，生态环境存在相对严重的破坏。我国各个区域林业用地面积的比例如图2-7所示。

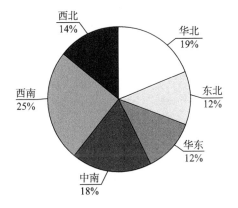

图 2 - 7 2013 年我国各个区域林业用地面积比例

Fig. 2 - 7 The proportion of forest land area in each area in 2013

森林覆盖率是地区森林面积占土地面积的百分比，反映森林面积占有情况或森林资源丰富程度及绿化程度，又是制定森林经营和开发利用方针的依据。由图2-8可以发现中南地区森林覆盖率最高，达到45.14%，森林覆盖率较低的地区分别为华北地区和西北地区，分别为21.64%和14.89%，不足中南地区的一半。由分析得知，我国森林覆盖率的地区差异较大，区域分布不均。具体分析可以发现，西北地区由于靠近沙漠、气候干旱等，不利于森林的培育和发展；而华北地区由于天津等城市的森林覆盖率较低导致整个地区的森林覆盖率较低。通过指标分析可以发现，环境因素以及城市发展是影响森林覆盖率的主要因素。

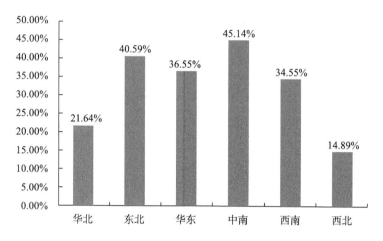

图 2 - 8　2013 年我国各个地区森林覆盖率比例

Fig. 2 - 8　The ratio of the area of forest cover in China in 2013

第三节　投资发展分析

投资发展竞争力主要反映林业产业投入要素方面所形成的状况，固定资产、林业站、人力资源投入是林业产业所形成的总资产。

一、林业产业投资分析

林业固定资产包括营林固定资产和森工固定资产，很大程度上促进林业产业发展。2013 年中南地区资产额度最高（1271 亿元），西北地区最少（294 亿元）。固定资产的投资额和当地财政收入是存在相关关系的，我国中南地区的经济水平相比西北地区要高，投资额也相应较高。另外我国中南地区的林业产业比较发达，因此林业固定资产的投入比其他区域要高。最近十年中南地区林业平均增长率为 49%，增速在全国六大地区中处于最高；其他区域的增速较均衡，华北和西北增速最慢，但也达到了 25% 的增长率，这足以说明我国在林业产业发展上面投资空间广阔，发展潜力较大。近几年，我国林业投资增长速度明显加快，政府对固定资产的投资逐年增加，对林业产业的重视程度不断加大，有利于生态环境进一步改善。同时，也会导致林业产业的直接价值和间接价值增加，增加当地的收入，改善经济环境。具体见表2－5。

表2－5　2003—2013年林业投资额（单位：亿元）

Tab. 2－5　Forestry investment from 2003 to 2013（one hundred million yuan）

年份 区域	2003	2004	2005	2006	2007	2008	2009	2010	2011	2012	2013
华北	80	85	93	108	135	158	200	217	377	454	546
东北	48	37	50	52	82	107	161	186	186	391	321
华东	53	53	68	80	89	115	146	154	552	708	916
中南	49	53	62	65	97	254	394	486	773	1002	1271
西南	100	99	108	114	171	221	290	316	312	338	378
西北	59	53	64	62	70	110	137	169	192	248	294
全国	389	380	445	481	644	965	1328	1528	2392	3141	3726

林业各个区域的投资比例如图2－9所示。中南地区最高达到34%，国家资金政策扶持力度最大，其次华东地区依靠雄厚的经济基础和资金条件也达到24%，尽管东北地区为传统的发展森林资源及林业产业地区，国家林业投资仅为9%，产业升级转型政策导向明显。西北地区最少，与当地经济发展条件有关。林业资金的投入还包括外资投入，外资利用还比较有限，主要集中在沿海开放地区。

林业产业R&D投入是反映林业产业竞争力的重要方面。通过查找数据和参考文献，并根据林业产业各个子产业的实际特点，林业R&D投入主要用于林业第二产业的木材加工及木、竹、藤、棕、草制品业，由于数据的限制，本文以规模以上木材加工及木、竹、藤、棕、草制品业企业数据作为代理指标来反映林业产业R&D投入的发展趋势。由图2－10可以看出，2006—2012年R&D投入总体上呈现高速增长态势，尤其是在2010年以后，说明国家对林业产业科技创

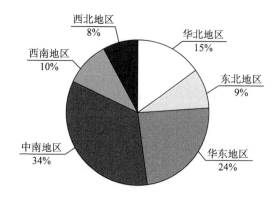

图 2 - 9 　2013 年全国各个区域林业投资比例

Fig. 2 - 9 　Scale drawing of forestry investment in

various regional in China in 2013

新的发展越来越重视，林业产业改革产业结构、科技创新提高竞争力的特征成为林业产业发展的必然趋势。总体上，随着 R&D 投入的增加，林业产业的产业结构不断优化升级，由原来的第一、第二产业为主，第三产业为辅的产业结构向第一产业为辅，第二产业为主，第三产业快速发展的产业结构过渡。

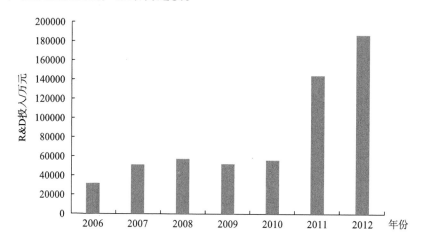

图 2 - 10 　2006—2012 年木材加工及木、竹、藤、棕、草制品业 R&D 投入

Fig. 2 - 10 　R&D investment of wood processing and wood，bamboo，rattan，

brown grass products industry in the year between 2006 and 2012

同时，在木材加工及木、竹、藤、棕、草制品业规模以上企业的专利申请量随着 R&D 投入的加大呈现出相一致的快速增长趋势，从图 2 - 11 可以看到，由 2006 年的 341 件到 2012 年的 2442 件，是 2006 年的 7.16 倍。专利申请量在一定程度上代表了产业创新成果和科技活动产出水平，这表明林业产业在政府建设创新型国家政策引导下以及 R&D 投入的支撑下，正由传统工业型向科技创新型产业转变，林业产业正在从原来的资源主导型的产业向科技主导型的产业过渡，但总体科技水平还不高，仍需长时间的发展改革。科技是第一生产力，是一个国家走向世界前列必不可少的因素之一，要实现向科技强国的转变，必须加大教育的投入，努力提高我国的科技水平。

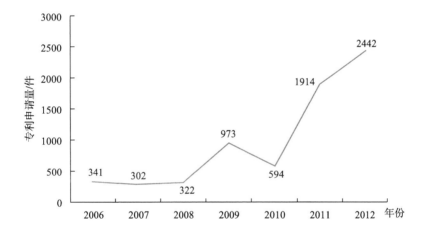

图 2 - 11　2006—2012 年木材加工及木、竹、藤、棕、草制品业专利申请量

Fig. 2 - 11　Patent applications of wood processing and wood, bamboo, rattan, brown grass products industry in the year between 2006 and 2012

二、林业产业从业人员

产业技术水平的提高和林业可持续政策的偏重，使林业产业从业人员呈现递减趋势，见表 2 - 6。

表2-6　我国不同区域2003—2013年林业产业从业人数（单位：人）

Tab. 2-6　Employees number of forestry between

2003 and 2013 in China（person）

年份\区域	2003	2004	2005	2006	2007	2008	2009	2010	2011	2012	2013
华北	205648	196386	196234	214630	223286	203415	195779	197159	175941	174305	166658
东北	573396	562286	532402	495244	467623	445441	442444	477784	460584	454779	436628
华东	208219	194990	193057	187940	186799	186328	170350	170350	178066	177457	164244
中南	229502	225744	221064	215181	206838	203875	199468	206929	199468	198254	193642
西南	199356	185288	166688	166160	162072	153923	133486	154120	143053	133486	131518
西北	113708	113085	115239	116655	116811	117567	122339	118842	125999	122339	120248

明显看出，林业产业从业人数在2003—2013年除了西北地区有一定波动增长，其余五个地区均下降较明显；另外，从2003—2013年6个地区的林业产业从业人数可知，东北地区林业产业从业人数最多，几乎是中南地区的两倍，一方面表明东北地区是传统林业产业基地，相对发展较大；另一方面，东北地区林业产业面临转型升级，需要更多地依靠技术和可持续生态发展。其余三个地区的林业产业从业人数相差不多，减少量也较为均衡，表现出林业产业从业人员平减趋势。

三、森林旅游

森林旅游目前是我国林业第三产业的支柱产业，是林业产业升级优化与生态发展的方向。地区森林旅游业占当地旅游业产值的很大部分，而地区旅游业中吸引游客的设施主要是森林公园，并且地区旅游业的规模和档次也主要取决于森林公园的数量和面积。然而森林公园的建设与发展主要受到地区生态资源和经济水平的制约，只有拥有优越的生态环境资源，方可建设出一流设施的森林公园，此外，地区经济发展水平的高低和居民消费能力的大小也很大程度上影响到森林公园的长期运营，因为当地经济发展好，可以更好地招商引资，提高人们的收入总额，进而带动森林旅游业的发展。通过2012年各个地区森林公园的数量（见图2-12）可直观地看到我国的华东地区、中南地区的森林公园总量较高，也符合广东、山东、浙江、湖北、湖南、福建等地森林旅游业发展旺盛的事实。其中华东地区的森林公园总数量多达 923 个，位于全国之首。排在第二的是中南地区，其森林公园总数有 909 个，然而其他地区森林公园总数几乎相当，且较为平均。如今在绿色消费、保护环境等国家宏观政策的引导下，大力发展森林旅游业既能促进当地经济发展又能保护生态环境，因此，兴建森林公园、发展森林旅游业是未来林业产业的一个主要发展趋势。

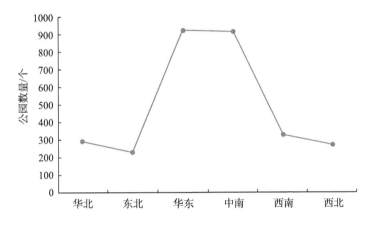

图 2 – 12　2012 年各个地区森林公园的数量

Fig. 2 – 12　The number of forest park in 2012

四、林业产业总产值

林业产业的资金和人员投入所产生的效益，可以通过林业产业总产值间接得到体现。通过分析 2013 年我国六大地区的林业总产值和地区产业总产值的比例（见图 2 – 13）可以看出：林业总产值最高的当属东北地区，约占地区总产值的 80.27%，其次是华北地区约占 2.24%，华东、中南、西南地区所占比例相差不大，排在最后的是西北地区。东北地区林业总产值之所以出现如此高的比重是因为东北拥有我国最优质、最丰富、经济价值最高的林业资源，虽然东北地区的林业储量不是全国最高，但是林业的可利用性最高，对当地经济建设和发展的贡献也最大；中南和华东由于地区经济社会环境较好，对林业资源的产值有很大的带动作用，由于这两个地区的整体经济发展主要靠工业和现代服务业，所以林业产值对该地区的经济贡献所占比重就比较小；此外，西北地区和华北地区由于自然环境恶劣，生态敏感，森林资源匮乏，加之地方政府的各种环境保护政策，因此，这两个地区的林业产业发展不充分，其林业产值在整个地区经济总量中所占比重出现下降趋势。

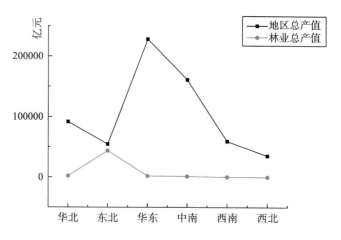

图 2 - 13　我国各个区域林业总产值比重分布

Fig. 2 - 13　**Forestry output value weight distribution in China**

林业第一产业的产值增长趋势从 2003 年的 3502 万元上升到了 2013 年的 16319 万元，提高了 4.66 倍，以 2003 年的数据为参照，可以看出 2003—2013 年这段时期不同地区林业第一产业产值的增长速度也不同，其中华东地区增长速度最快，比 2003 年提高了 6.32 倍，其次是西南地区（5.70 倍）、西北地区（5.47 倍），这三个区域的第一产业增速均高于全国水平，林业第一产业在这三个地区的总产值中占有比较大的比重，这与它们所处的地理位置和经济发展水平有关。这三个地区森林蓄积量较大，经济发展很大程度上依存于林业第一产业。第一产业增速最慢的是华北地区，为 3.99 倍，然后是中南和华东地区，分别为 4.02 倍和 4.57 倍，第一产业在这三个区域的总产值中所占的比重不大。林业第一产业的产值和当地的经济发展水平呈现显著的关联性，经济越发达的地区，第一产业的比重越小。理论上来说，我国作为一个地域广阔的发展中国家，只能优先发展一部分区域然后带动其他区域的发展，所以我国的东部地区作为经济发展的先驱，经济已经达到一个比较发达的程度，第一产业的比重比西部地区要小。第一产业的近十年发展趋势如图 2-14 所示。

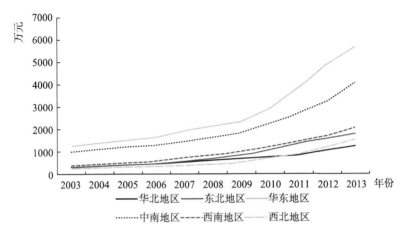

图 2-14 各个地区林业第一产业产值增长趋势对比

Fig. 2-14 Comparison chart of the first industrial output growth trend（ten thousand yuan）

林业第二产业 2013 年的产值规模是 2003 年的 12.51 倍，其增长速度远超过第一产业，基本取代了第一产业成为林业的主导产业；第二产业增长最快的是中南地区，其产业规模是 2003 年的 22.61 倍，西北地区的是 16.45 倍，远高于增速排名第三的西南地区（13.37 倍）；其次是华东、东北地区，最低的是华北地区（3.28 倍）。而第二产业总产值最高的两个区分别是华东地区（13032 万元）和中南地区（7797 万元），说明这两个区域是我国林业第二产业的主产区但是增速分布上有所差异（减缓）。中南地区和华东地区的第二产业的产值在近几年呈快速增长的趋势，两个地区林业第二产业获得了飞速的发展。第二产业近十年不同区域的发展趋势如图 2-15 所示。

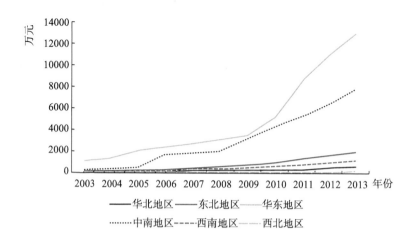

图 2-15 各个地区林业第二产业所占比重增长趋势对比

Fig. 2-15 Comparison chart of the secondary industrial output growth trend (ten thousand yuan)

林业第三产业 2013 年的产业规模达到 5946 万元，是 2003 年的 18.03 倍，增长速度略高于第二产业。在六个区域中共有四个区域的增速超过了平均水平，分别为西南地区、西北地区、中南地区和华东地区，另外通过产值数据我们可以看出 2013 年西北地区的第三产业总产值仅为 128 万元，所以，尽管其发展速度相对较快，但是还存在基础差的缺陷。总体上，第三产业的快速发展是生产力提高和社会进步的必然结果。第三产业的兴旺发达是现代化经济和林业产业竞争力提高的一个必要特征。我国的经济已经走向了一个高速发展的道路，第三产业的产值和规模不断增加，同时由于我国幅员辽阔，每个地区的资源和经济发展水平不同，导致不同地区的第三产业发展水平产生了很大的差距。第三产业近十五年的发展趋势如图 2-16 所示。

综上所述，我国林业分布的六大地区中以华东地区和中南地区的产业规模最大，发展速度较快，而东北地区虽然仅有三个省，林业总量规模较小，但是其产值依然可以达到中等水平，说明了东北地区的林业产业具有相对较强的竞争力。此外，西南地区基于优越的自然环境，拥有丰富的森林资源，并且林业第三产业发展较好，跟第一、第二产业相比具有相对优势；而地理环境恶劣的西北地区，相对来说森

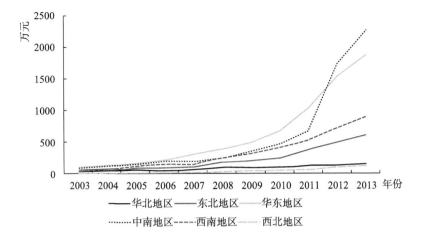

图 2 - 16 各个地区林业第三产业增长趋势对比

Fig. 2 - 16 Comparison chart of forestry tertiary industry
growth trend（ten thousand yuan）

林资源匮乏，另外还面临着保护生态环境的压力，所以进一步发展林业产业必然受到很多限制，难以实现突破性的发展。

第四节　林业产业市场发展存在的问题及成因分析

一、林业产业市场竞争力存在的问题

林业产业作为国民经济的重要组成部分，在国民经济的发展中起着十分重要的作用，经过多年的发展在森林覆盖率、森林蓄积量、森林面积、木材深加工和旅游业等方面取得了十分显著的成果。但从林业产业自身以及和其他产业相比较还存在一定的问题。

1. 林业产业技术创新能力弱

2006—2012 年 R&D 投入总体上呈现高速增长态势，尤其是在2010 年以后，说明国家对林业产业科技创新的发展越来越重视，林业产业改革产业结构、科技创新提高竞争力的特征成为林业产业发展的必然趋势。总体上，随着 R&D 投入的增加，林业产业的产业结构不断优化升级，由原来的第一、第二产业为主，第三产业为辅的产业结构向第一产业为辅，第二产业为主，第三产业快速发展的产业结构过渡。在木材加工及木、竹、藤、棕、草制品业规模以上企业的专利申请量随着 R&D 投入的加大呈现出相一致的快速增长趋势，由 2006 年的 341 件到 2012 年的 2442 件，是 2006 年的 7.16 倍。表明林业产业正由传统工业型向科技创新型产业转变，从原来的资源主导型的产业向科技主导型的产业过渡，但总体科技水平还不高。但林业产业中的第一产业，天然林、经济林等技术含量比较低，森林覆盖面积还有一定的比例属于绿化林而不是经济林，靠自然资源进行产出；第二产业木材深加工产品，创新产品不多，培育和发展知名产品和驰名商标较少，林业产业的专利数量、商标数量相对于装备制造业处于弱势地位，林业企业整体素质偏低，科技对林业产业的贡献率不高，直接影响了林业产业的市场竞争和经济效益的获得。

2. 林业产业市场开拓能力不强

从我国林业产业总体和我国六大区域林业产业的总产值数据可知，我国林业产业在生产运营上难以实现规模性发展，并且销售产值也相对较低，分析 2013 年林业总产值占地区总产值的比例可以看出：东北地区最高约占地区总产值的 80.27%，其次是华北地区约占 2.24%，华东、中南、西南地区所占比例相差不大，排在最后的是西北地区仅占 1.04%。我国林业产业在长期的发展中，不同地域林业产业竞争力发展很不均衡。在 2013 年林业产业总产值中，华东和中南地区林业总产值分别达到了 1158.30 亿元和 1220.20 亿元，而其他地区都不足 600 亿元，其中西南地区甚至低到了 153.70 亿元。只有具有强有力的竞争力才能够创造巨大的产值，并且地区产值的大小也一定程度上体现了地区林业产业竞争力的强弱。从 2013 年各地区林业总产值的数据可以看出，我国现在华东和中南地区林业竞争力相对较强，其他地区林业产业竞争力相对较弱。

3. 林业产业产品附加值低

林业产业科技水平不高，科技成果转化慢。我国林产品生产技术含量不高，林产品生产还是高投入、低收益的发展模式。林业加工企业的规模小、低档和初级产品多、精加工和深加工以及综合利用的产品少，没有很好地开发和利用森林多种资源。生产的产品大多数都是在原材料的基础上进行简单的再加工，由于产品的科技含量不高，导致产品的附加值低，在产品的销售收入中原材料成本的比重比较大，属于资源消耗型，没有实现资源的高效利用，同时也使林业产品在市场竞争中相对竞争优势不足。

4. 林业产业国际化水平低

近年来我国林产品进出口贸易有了较大程度的提高，在世界范围内逐步实现资源的最优配置，为林业产业生存和发展提供了资金支持。但世界范围内的贸易保护形式不断变化，如反倾销、技术标准以及关税等对我国林产品贸易的发展产生了很大的影响，阻碍了林业产品进入国际市场，使林业产业国际化水平的提升受到制约。

二、林业产业竞争力存在问题的成因分析

1. 市场竞争观念不强

林业产业作为国民经济的一个重要分支，对提升国家经济总量有重要贡献，同时林业产业又是一个涉及第一、第二、第三产业的门类众多的产业。然而改革开放以来，国家大力发展制造业和现代服务业，在一定程度上忽略了林业产业的发展，致使该产业的市场竞争观念较弱，在经营模式上很多地区依然沿袭传统的生产运营方式，并且产业结构布局不合理，其中林业第三产业发展又处于初步发展时期，林业的三个产业所占比重分别为30.17%、57.21%和12.62%。第三产业的发展更多的是要取得市场竞争优势，需要不停地开拓新市场，创造新的消费群体，但是我国林业第三产业的整体市场竞争观念不强，与林业相关的很多配套服务业跟不上市场步伐，与第一、第二产业之间的协调也不充分。

由于林业产业在国民经济中所处的经济地位，长期以来树立的为国家做贡献的经营观念一直占主导地位，为了避免水土流失，保护自然生态环境，国家实施了天然林保护工程，禁止开发第一产业。在此情况下，第二产业和第三产业开始关注市场需求，逐渐树立起市场竞争意识，但在生产规模、品牌培育、集约化生产和技术创新等方面正

在努力适应市场竞争的需要，使其真正成为市场竞争的主体。

2. 林业产业技术创新资金投入不足

近年来随着国家天然林保护工程一期、二期的实施，国家对林业产业的发展进行投资，目的是解决林业发展中资金缺乏的困境，其每年对林业产业发展的投入资金力度显著提高，因此，在拥有充沛的资金支持下，林业产业的技术创新水平和能力有所提升，但是总体而言林业产业的基础设施和技术创新能力仍然处在传统的产业行业中。国家对林业产业 R&D 投入很少，作为天然林保护工程投入的资金主要用于第一产业的维护和管理上，第二产业和第三产业 R&D 的投入很少，又由于林业产业自身的盈利水平低，对 R&D 投入少，使林业产业技术创新缺乏必要的资金支持，导致林业产品科技含量低、与市场需求结构匹配不符，削弱了林业产品的市场竞争力。

3. 缺乏高水平的创新团队

由于林业第一产业的发展对资源的依赖度很高，受自然环境的影响大，其产出受到的客观影响因素多；第二产业主要是以满足消费者的消费需求为主，但由于产品成本高、科技含量低，使林业产业经济效益一直处在低谷；第三产业的发展刚刚起步，还没有形成规模经济效益，使林业产业整体经济效益较低，对人才的吸引力较弱。缺乏高层次人才集聚，技术创新能力不足。一支稳定的创新团队会使产业在市场竞争中及时推出满足消费者需求的产品和服务，获得动态的竞争优势和持续的经济效益。

4. 产业集群度低

林业产业具有涵盖产业范围广、产业链长、产品类别较多的复合型产业群体，涉及国民经济第一、第二和第三产业多个门类。但是我国林业产业因为受行政区域的分离，以及自然环境的约束，表现出一定的布局集中的特征，其中林业第二产业的加工制造主要分布在国内两大产业带上，依靠平原林区的江苏、河南和山东三省；以及由浙江、福建、湖南、江西、广东和安徽组成的南方林区，两大产业带包括的企业数量占全国的 70.76%。由于我国木竹资源利用方式的转变，人工林利用比例逐渐超过天然林，我国传统的木材加工及木、竹、藤、棕、草制品业制造基地（东北和西南林区）企业所占的比重呈现明显下降趋势，林业中其他产业集群态势不明显，表现出区域分布不平衡特征。尽管林业产业规模很大，但产业集中度低，产业规模效益和规模优势没有得到充分的释放，直接影响了林业产业市场竞争力。

第五节　本章小结

　　本章在林业产业竞争力含义界定的基础上分析了林业产业竞争力的特征，并对我国林业各个产业状况进行了分析；分别从林业产业的第一、第二和第三产业的产出结构、内涉林业和外涉林业产业产值、产业规模进行比较分析；同时对我国不同区域林业产业的资源状况、区域竞争力和投资发展竞争力状况进行分析，找出了我国林业产业竞争力存在的问题，并对其成因进行分析。

第三章 林业产业区域竞争力
理论模型构建

对我国林业的产业现状和存在问题进行分析，可以对应找出林业产业区域竞争力的构成要素，并厘清要素间的关系，这是林业产业区域竞争力的模型构建中最重要的环节。在借鉴现有研究成果的基础上，本章构建了林业产业区域竞争力"四位一体"模型，通过模型进行深入分析，并揭示了林业产业区域竞争力构成要素间的关联关系。

第一节 林业产业区域竞争力的内涵及特征分析

一、林业产业及其区域竞争力的内涵

（一）林业产业的内涵

我国可持续发展林业战略项目组（2003）设定的林业产业竞争力的内涵分为广义和狭义两个类别。从广义的角度看，林业产业及林业的全部相关整体，是一个完整的经济构成，对生态和社会的协同作用能够使之完成集群效用。从狭义的视角看，它的存在以获得经济效益为目的，以资源优势为渠道，将林业相关的物质和非物质产品进行重新组织，并投入社会化大生产的熔炉之中。伴随着我国经济的不断进步，林业产业已经形成比较完整的产业群体，包括国民经济的第一、第二、第三产业。本书基于广义的定义思路，从实际运行的角度对尽量宽泛的林业产业总体进行不断的深入分析和研讨，这种经济社会的完整性，就是林业广义定义的表现。

（二）林业产业区域竞争力的内涵

根据前文关于林业产业竞争力理论和林业产业的广义诠释，本书将我国林业产业的区域竞争力内涵定义为：建立在林业产业应用核心资源的能力基础上，以产业所积累和拥有的各区域发展异质性为前提，以资源和技术效率等方面的共同优势为先导，使林业产业在效率和市场占有率方面具有更为强大的能力外在表现。这是林业产业在市场竞争中所形成的技能和能力，是林业产业诸因素和实力的综合体现。

二、林业产业区域竞争力的特征

我国林业产业区域竞争力是林业生产在激烈的市场竞争中获取优势的行为内核，它决定了林业产业的内在特性。林业产业区域竞争力主要有以下几个方面的特点：

1. 林业产业区域竞争力的特殊性

林业产业是环境与经济相互交叠的产业，林业产业可以输出林业产品的价值，还可以辅助环境保护进行环境改善。后者正是林业产业特殊性的所在。这种环境特质是林业产业无法回避的管制依据，其受环保组织的影响较为显著，这种特性不得不作为本文的考虑因素。

2. 林业产业区域竞争力的不可模仿性

产业集群是在某一特定区域内，依靠公共性活动与互补性活动相互联系的企业及相关机构在地理位置上的集群；它们之间既竞争又合作，是通过关系、信任和承诺来运营的一种中间体制组织[84]。林业产业竞争力是由林业产业自身的特点（如森林资源的集群优化、森林资源的可再生性以及林业产业独特的产业结构等）而形成的竞争力，而这些特点是其他产业所不具有的或者相对稀缺的，因此林业产业竞争力具有不可模仿性。

3. 林业产业区域竞争力的动态性

林业产业竞争力是一个绝对概念，是林业产业基于自身的资源禀赋、产业结构、经济发展水平等方面表现出来的一种综合能力，是林业产业本身具有的在市场竞争中的优势地位。林业产业竞争力具有时间性和空间性，在不同的时间阶段和不同的地域，它的大小会随之发生动态的改变。

第二节　竞争力研究理论基础模型

研究竞争力的目的并不仅仅是对林业产业的区域竞争力进行评价，更为重要的是界定影响因素和构成要素，并将其用于后续的分析框架之中。找出其中的优势和劣势，能够使竞争力的分析更为有理有据，并有重复的外延和引申。而如何确定其构成要素和影响因素，一直是学术界研究的重点所在[94]。

（1）中外学者对产业竞争力的研究有着大量的工作基础，研究视角众多，其中最为知名的是我国科学院的金教授提出的我国工业企业竞争力模型，如图3-1所示。

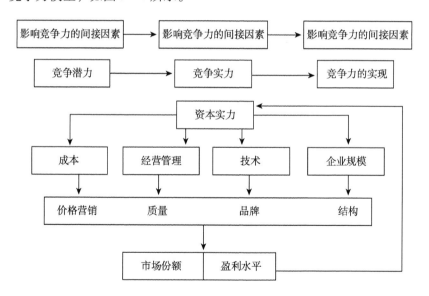

图3-1　金碚的工业国际竞争力模型

Fig. 3-1　Jinbei's industry international competitiveness model

金碚（1996）[95]教授提出了将工业产业的竞争力构成转为价值构成，并由此建立了统计分析的推进路径。金碚教授（1997）[96]指出，不同国家或地区的不同发展阶段均对应不同的竞争力构成，这种构成也随着时间不断演化，其中最基本的层面是工业竞争力的竞争，并且最终在理想状态下，能够将各个国家和地区之间的竞争力差异统一化。因此这其中最重要的层面仍然是工业经济的竞争，并最终体现为国际竞争力的改变。金碚的工业国际竞争力模型对于我国关于产业竞争力的研究奠定了坚实的基础，模型中产业国际竞争的发展阶段与我国产业参与国际竞争的特点较为符合，但是该模型的不足之处在于其模型指标的选取是采用较为主观的方式进行的，虽然在模型指标选取的时候进行了问卷调查，但是被调查者的看法不一定是客观和准确的。同时，没有说明各个指标要素的重要性不同，认为在其体系中每个指标的重要性是相等的。

（2）刘炳胜（2010）在总结亚当·斯密技术分工演化的产品差异竞争力框架、一般经济学、产业经济学以及新制度经济学等的竞争力模型的优劣之后，突出强调一国作为经济主体所起到的决定性作用，并将这种作用贯穿其理论的研讨始终。竞争力的存在使经济主体把竞争优势转化为吸引力，吸引资源继续注入，经济效益继续提升。在提升的整个过程中，主要有三大阶段：第一是利用资源的优势，将资金投入再生产和再制造，资源主要是指经济体自己的资源以及经济体外部的资源，两者对竞争力均有影响；第二是竞争力的形成过程，必须通过出售环节才能使生产过程的有形和无形资产获得实现；第三是新增资本的投入过程，它是投资主体对经济主体的竞争力的演化过程，在此过程中，投入得到不断增强或削弱，最终转化为资源优势或影响资源优势发挥。具体过程如图 3－2 所示[45]。

该模型最重要的贡献是在进行产业竞争力评价时将评价指标划分为"三大阶段"进行分析，是在对产业竞争力研究中的一次重大的理论创新，为竞争力的实证研究提供了指导方向。

但是该模型的不足之处在于对竞争力的实现过程用投入、形成和新投入表示，有些片面性。另外，该模型是在针对国家整体经济发展过程研究的基础上提出的，对不同区域不同研究对象的竞争力没有过多涉及。

（3）倪鹏飞（2001）构建了城市竞争力的弓弦模型，对我国的竞争力整体情况进行了实证研究，模型如图 3－3 所示。这一模型将城市的竞争力特点分为软、硬两个方面：软实力是指城市的秩序、文

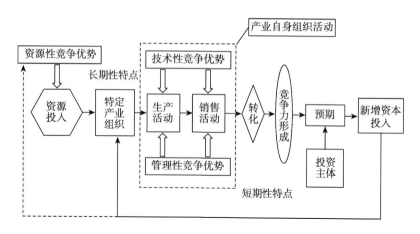

图 3-2　刘炳胜产业竞争力形成概念模型

Fig. 3-2　The conceptual model of Liu Bingsheng's

industry competitiveness formation

化特点、管理能力和开放程度等方面无形的竞争力的要素；硬实力指的是劳动力数量、资本情况、科技发展水平、环境优劣程度等生活中看得见摸得着的所在。在模型中，弓代表硬实力，弦代表软实力，两者共同作用决定了城市的竞争力水平。一个城市的竞争力的强弱是两者有机结合的产物。这一模型首次将竞争力以形态划分为两种，能够对竞争力的研究提供新的视角[97]。

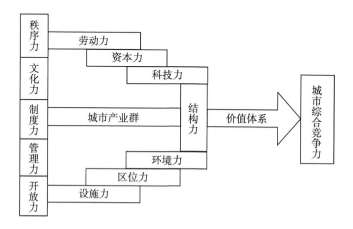

图 3-3　倪鹏飞城市竞争力模型

Fig. 3-3　Nipengfei's city competitiveness model

该模型重点强调竞争力的构成要素的软性因素，弥补了已有模型中对软性因素考虑不足的缺陷。但是该模型的缺点就是软性因素过多，导致对其度量的困难，另外最主要的不足之处就是该模型中竞争力的构成要素都是单方面的原因性要素，也没有过程体系，不能够全面地反映竞争力的状况。

（4）中国人民大学竞争力和评价研究中心认为，一个国家的竞争力的强弱，可以表征一个国家的发展潜能。这种潜能伴随着可以被学者观测到的出口、劳力、科技等表现。这些要素的有机结合可以为系统提供充足的经济动力以及国际竞争力。

他们构造的竞争力模型包括核心、基础、环境三个主要的构成点。其中，核心竞争力是国家层面的技术实力、资金实力等，并伴随基础竞争力和环境竞争力形成合力。这个合力决定了企业的竞争力、产业的竞争力以及基本的发展竞争力，这些竞争属性的合力又组成国际竞争力，它一方面能够增加国民财富的积累速度，另一方面能够提供长期持续发展和成长的优良环境，这包括法律体制、政策等宏观层面的特点[98][99]。该模型不足之处在于同样都是单方面过多强调原因性因素，没有将竞争力结果性的显性因素考虑到模型中，不能综合全面评价产业竞争力，如图3-4所示。

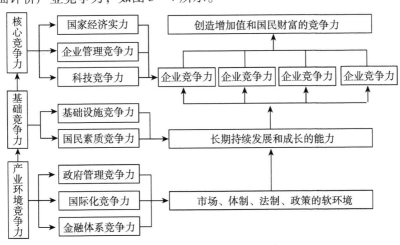

图 3-4 国家竞争力模型

Fig. 3-4 National competitiveness model

第三节　林业产业区域竞争力构成要素分析

在本书的相关研究中，内在竞争力与外显竞争力所反映的产业竞争力内容存在明显差别，内在竞争力主要指衍生或构成显性竞争力的决定性因素，内在竞争力是外显竞争力的内在发展动力，主要用于解释竞争力的原因。根据现有的研究成果，结合林业产业的特征，将林业产业区域竞争力的构成要素总体划分为外显和内在两种构成类别，其中内在要素又划分为核心竞争力、基础竞争力和产业环境竞争力三个板块。

一、林业产业显性竞争力要素分析

通过将国家竞争力评价（显性比较理论）组成林业产业的特性，具体分析可以得到林业产业的构成要素，三者具体的关系如图 3 - 5 所示。

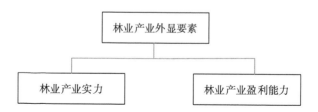

图 3 - 5　林业产业外显竞争力要素

Fig. 3 - 5　The Constituent elements of forestry industry explicit competitiveness

1. 林业产业实力

林业产业实力涵盖了产品销售收入、产业市场占有率（使用林业产品销售收入与全国产品总销售收入的比值表征）、资金利润率[90][93][100]三部分内容。产品销售收入指企业在日常活动中形成的、会导致所有者权益增加的、与所有者投入资本无关的经济利益的总流入，是体现林业产业获利能力的重要指标。市场占有率内容是体现我国林业产业区域竞争力所占市场份额大小的重要标志，是表征产业市场扩张能力的核心指标。资金利润率是指企业利润总额对企业全部资金平均占用额的比率，是反映林业产业资金回报率的一个重要指标[100]。

2. 林业产业盈利能力

林业产业盈利能力衡量的是我国林业产业创造利润和累积财富的能力，也是其市场竞争力的重要组成部分。获取利润是产业发展的根本目的，其重要性远远超越了产业规模和市场占有份额，可以直接体现产业竞争水平的高低。因此，评估我国林业产业区域竞争力的盈利能力视角值得强调，其内容主要用利润总额占全国比重来表示[100]。

二、林业产业核心竞争力要素分析

国内外学者关于产业核心竞争力理论的研究成果表明，核心竞争力是产业独具的，使产业能取得领先地位所必须依赖的关键性能力，这种能力是一组技术与技能的综合体，而并非拥有的一项技术或者一项技能。它是一种在不断保持自身竞争优势的同时，强调企业技术、知识、产业结构和素质能力在产业发展中的重要性和关键性，使彼此之间相互协调的能力[101]。因此，本书将林业产业核心竞争力要素概括为林业企业素质、林业产业结构和科技创新，如图 3－6 所示。

图 3－6 林业产业核心竞争力构成要素

Fig. 3－6 The Constituent elements of forestry

industry core competitiveness

迈克尔·波特[17]将产业定义为生产直接相互竞争产品或服务的集合。裴长洪[102]将产业定义为服务于特定经济分析目的的相同属性产品和服务的集合、相同属性的生产经营活动的集合以及相同属性企业的集合。因此，在国内，同类企业的意义即是指在国内外环境的胁迫下做出相同应对策略的共同体。即这个产业内的企业的竞争力决定了此产业自身的竞争力，同时，一个产业的竞争力强弱主要取决于企业能力，在逻辑演绎上，产业能够为企业的素质提供展示和交流的平台，进而决定产业竞争力，因此企业素质一定程度上决定了产业竞争力。

我国林业产业区域竞争力不仅仅取决于行业内部单个企业的竞争力，还与产业内各企业间的关联及产业内部资源的配置和转换存在密切关系，即林业产业组织结构一定程度上决定了产业竞争力的高低。因此，产业竞争力的形成，从本质上取决于产业内所有企业的素质和能力，但产业整体的竞争能力并不是构成产业的所有企业竞争力的简单相加[103]。因为将所有企业组织起来所构成的产业合力，并将这一合力转化为大于单个企业能力集合效用的产业竞争力，还必须发挥产业组织或行业组织的作用。一般而言，林业产业结构主要指产业中三个产业所占的比重以及相同产业或市场内企业之间的结构和关系，既涵盖了企业规模和规模大小即大、中、小型企业各自的比重和市场竞争关系，又包括生产经营同类产品的企业之间的相互分工和协作关系，还包括各个产业之间的相互合作和促进[104]。

一切发展都源于科技创新，所有层面的国家竞争都将体现于产业，可见产业科技创新对于竞争力的重要作用。随着林业产业的发展对林业产品的需求和要求越来越高，生态化可持续对林业产业的技术创新提出了更高的要求。林业产业要逐步从劳动密集型的发展方式向技术密集型方式转变，因此，产业科技水平在林业产业发展中显得越发重要。所以，产业科技创新也应纳入林业产业核心竞争力构成要素中。

三、林业产业基础竞争力要素分析

基础竞争力是林业产业核心竞争力的基础，一定程度上决定了其产业竞争力的未来发展趋势，并对林业产业能够长期保持强有力的竞争力起着保障和支撑作用，由基础设施竞争力、生态建设竞争力和资源禀赋竞争力三方面组成，如图 3 - 7 所示。

图 3 – 7　林业产业基础竞争力构成要素

Fig. 3 – 7　The Constituent elements of forestry
industry basic competitiveness

　　基础设施可以体现包括交通条件等要素的基本情况，这些条件包括了铁路、民航以及海航等方面的基础设施建设的情况。交通设备的完善程度可以直接决定林业产业的运行效率和成本，林业产业的发展离不开与之相配合的交通枢纽、产业经济发展和综合竞争力的提升。另外，产业运行设施条件包括林业产业经营活动所必需的物质技术设备。比如基层林业站数量、装卸设备等。林业产业的现代化程度直接关乎林业产业的运行效率，没有基础设施的现代化，就没有林业产业的现代化。

　　资源禀赋在影响整个林业产业区域竞争力的同时，也是林业产业区域竞争力构成的重要基础要素。资源是决定林业产业能否长久维系可持续发展的重要指标，其主要包括森林蓄积量、森林公园面积以及活立木总蓄积量等反映林业产业基础竞争力的指标。就产业竞争力而言，资源竞争力的重要作用在于衡量我国及其各行政区域林业产业所需资源的量化程度。如果相应的区域内拥有丰富的自然资源，则有利于降低单位生产成本，提升产业的竞争力，进而能够获取更多的市场份额。但是，以林业产业中木材加工子产业为例，由于我国对天然林资源的保护力度不断加强，以及部分地区实施限伐政策，加之国外各产材国推行的原木出口严控政策，国内市场的木材资源供应持续紧张，影响了我国各省区林业木材加工产业竞争力的提升。同时，我国劳动力成本不断上涨，很多企业受成本攀高影响，企业的利润空间进一步被压缩，也对产业竞争力提高造成冲击。

　　林业的生态建设是站在国家安全的高度上考虑的。一个国家的生态安全关乎国家的持续发展以及经济的高速增长，以维护生态环境为保障的经济发展对林业产业的生态建设具有重要的指导作用。其内涵包括功能的持续增长，资源的永续利用，体制的公平合理，社会的和谐，传统文化的演化和自然活力的维持等。林业生态建设是实现林业可持续发展的基础和助推器。林业可持续经营适度的利用强度、建设目标和内容的明确、林业内部产品与功能关系的协调、适合地区需要的林业重点工程的实施、法制保障体系及科技支撑体系的建立都为林业可持续发展创造了条件和基础。"建设林业生态体系"是林业产业现代化建设的又一重要战略，是林业生态建设进入新阶段的重要标志。因此，只有实现社会—经济—环境的良性循环，物质、能源的可持续利用和环境、经济的可持续发展才会得到保障[105-107]。

四、林业产业环境竞争力要素分析

环境竞争力在外围因素中对核心竞争力具有重要的影响作用，其主要包括制度环境竞争力和金融资本竞争力，如图 3－8 所示。

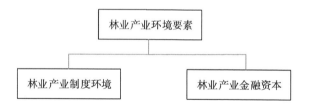

图 3－8　林业产业环境竞争力构成要素

Fig. 3－8　The Constituent elements of forestry

industry environment competitiveness

依据瑞士洛桑国际管理学院（IMD）和世界经济论坛（WEF）在《世界竞争力报告》中提及的论点，影响竞争力的因素不仅来自技术进步，还来自制度因素，即制度要素一定程度上决定了产业竞争力的强弱[108]。著名经济学家舒尔茨指出，制度可以通过多个层面来推动经济平稳发展，同时，还能进一步完善激励机制、人才引进模式等。制度要素对一个地区相关产业的发展具有明显的影响作用，因此，一个地区的制度环境是该地区林业产业区域竞争力的一个重要方面，制度因素是其林业产业区域竞争力的重要构成内容。本书所研究的制度环境主要指与我国林业产业发展相关的各种制度性内容，本研究所言的制度性内容主要涉及一个地区的产业管理体制、产业政策、法律法规、激励机制、行政因素等。在构建推动林业产业发展的制度环境中，政府一般发挥主导性作用，可以凭借优化管理体制，制定科学的产业政策，发布适于林业发展的法律法规，来达到推动本地区林业产业快速发展的目的。

目前我国经济发展处于投资导向阶段，若具体到相关产业，我国林业产业的投资导向竞争的特点非常明显。同时，我国林业产业属于劳动密集型与资本密集型交叉的产业，产业发展不仅需要充足的劳动力，还需建立在一定规模投资的基础上，企业拥有充足的资金，才能够进一步引进行业内最先进的生产线，并快速扩大企业产能，进而创造规模经济，从而取得竞争优势。所以，利用较低的成本来获取更多的投资资金的融资能力，对我国林业产业区域竞争力起着非常重要的作用。因此本书将金融资本要素作为林业产业环境竞争力的构成要素[109−110]。

第四节　林业产业区域竞争力理论模型构建

一、林业产业区域竞争力理论模型

基于前文的四个模型指标，结合林业产业的特点，参考中国人民大学竞争力模型思路，得出林业产业区域竞争力由显性要素、核心要素、基础要素和产业环境要素四个部件有机组成，从而构建出林业产业"四位一体"模型，如图3-9所示。

此模型对林业产业区域竞争力进行了进一步的扩充，引进了显性要素来评价，弥补了林业产业区域竞争力评价体系外显性指标缺乏的缺点。该模型中林业产业区域竞争力由四个要素即显性要素、核心要素、基础要素和产业环境要素构成；其中产业环境要素包括制度环境和金融资本；基础要素包括资源禀赋、基础设施建设和生态建设；核

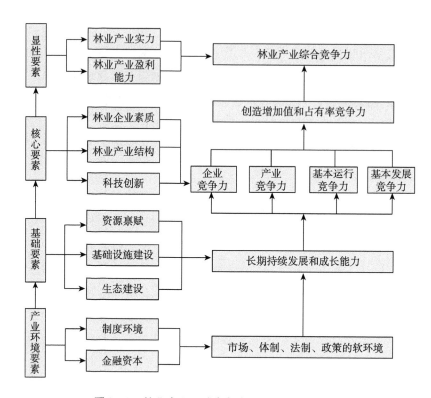

图 3 – 9　林业产业区域竞争力"四位一体"模型

Fig. 3 – 9　"Four in one" model of competitiveness in forestry industry

心要素包括科技创新、林业产业结构和林业企业素质；显性要素包括林业产业实力和林业产业盈利能力。在这些要素的推动下，形成了林业产业市场、体制、法制、政策的软环境、长期持续发展和成长能力、创造增加值和占有率竞争力，进而形成了林业产业综合竞争力。

二、林业产业区域竞争力模型分析

模型指标体系及推动作用方面，本书提出的林业产业区域竞争力"四位一体"模型，由产业环境要素向显性要素方向分析其作用。

首先，在产业环境要素作用方面，制度环境是企业的管理体系、产业政策和行政因素的构成。体现在人均财政支出、地方财政收入占GDP 的比重和实际利用外商投资状况等方面，良好的制度环境能够为林业企业营造一个规范的经营环境，同时也能为林业企业提供一个充满机遇的发展平台，林业产业及其他一切产业的发展都是以制度环境为前提的，就林业产业而言，良好的制度环境能够为林业产业的发展提供一个良好的宏观环境，不断地促进林业产业管理的优化，同时还能为林业产业制定科学的发展方针，从而使林业产业更好、更快地发展；金融市场是林业市场活动的主体，通过林业固定资产投资及营林固定资产投资可以为林业产业提供资金来源，创造规模经济。而制度环境和金融环境为林业产业的发展营造了一个软环境，制度导向和金融资本的变化方向将直接或间接影响林业产业的发展。国家政策对林业基础设施建设的支持，金融资金的不断投入，再加上国家生态环境保护政策的有效实施，可以提升林业产业生态环境建设、基础设施建设和资源的增加，进而促进基础要素的提升，林业产业基础要素的提升可以调整林业产业组织结构、提高林业产业的整体素质、增加科技研发投入，进而提升林业产业的核心要素竞争力，而核心要素的提升，可以降低林业产业的成本、优化林业产业的组织结构、提高市场知名度和消费者忠诚度，进而提高林业产业实力和盈利能力，促进显性要素的发展。

进一步的基础要素作用方面，资源禀赋是林业产业得以发展的基础，包括劳动力资源、森林蓄积量、森林公园面积和林业用地面积等方面，根据资源禀赋理论，各个地区之间的要素禀赋层面的差异，造成与之相应的要素价格的差异，进一步导致生产成本和产品价格的差异。就林业产业而言，林产品的生产需要投入自然资源、劳动力等多种生产要素，原材料充裕以及对应的低价格的劳动力使我国林业产业在生产制造过程中大大地降低成本，从而能够以更低的价格获取价格优势，进而在市场竞争中取得竞争优势，使林业产业拥有更强的竞争力；基础设施建设包括铁路网密度、公路网密度和基层林业站数目等条件，林业产业，特别是林业第一产业对交通运输条件有很强的依赖性，交通运输成本的控制是产业盈利能力的重要限制因素，同时产业运行设施条件是产业提升生产效率、资源利用率的重要前提，这些基础设施保证了林业产业的正常健康运行，是林业产业长期持续、高速发展的基础；生态建设主要指林业产业的可持续发展，包括各地区林业重点生态工程造林面积、退耕还林工程建设和天然林业资源保护工程建设等方面。维护好林业产业的生态环境，可以保证林业产业的再生性，促进林业产业发展的良性循环。资源禀赋要素、基础设施建设要素和生态建设是林业产业发展的基础要素。林业产业的良性循环、产业结构以及正常健康运行，是林业产业长期持续发展和成长的基础。

随着基础要素的完善和推动，核心要素方面，林业企业素质包括企业从业人员比重、劳动生产率和技术市场成交额等。林业企业的综合素质表现为企业文化[111]，通过提升林业企业的企业文化，激发企业文化的激励功能、行为导向功能、凝聚功能、成本节约功能和协调与约束功能，可以很好地提高企业内部员工的团结度和忠诚度，提升产品生产效率，降低生产成本，加强企业间的协调合作；通过提升林业企业的整体素质，可以提高林业产业的内部团结，提升整个产业的生产效率，降低生产成本和加强产业内部的团结合作；林业产业结构指林业产业三个子产业比值的合理构成及产业内各企业间的关联及产业内部资源的配置和转换，通过优化产业的结构，可以调整产业结构、推进产业升级、增强产业整体竞争力[112]；林业产业结构的优化和林业企业素质的提高，可以通过全产业成本的降低、产业内部的合作以及产业内部很好的文化氛围，提高企业和产业的竞争力，提高基本运行竞争力，提高基本运行的效率和运行速度。科技创新是林业产业创新力的源泉，通过 R&D 经费、教育经费等不断增加的科技创新经费投入，可以直接影响我国专利申请数及我国林业高等学校学生数，进一步提升林业产业的创新能力，通过不断优化产业构成、扩大产品的影响力、提高产业新产品研发效率、增加林业产业的科技含量[113]，进而促进林业产业基础设施不断完善、经济实力不断提升和可持续发展能力不断优化。

最后，在显性要素作用方面，林业产业实力主要体现在林业产业的资金利润率和林业产业市场占有率等方面，林业产业盈利能力主要由我国林业产业利润总额占全国比重、林业产业总值与地方经济中产值比重及产值利税率等方面指标体现，林业产业实力越强，市场竞争条件下产业的持续盈利能力越强，利润水平越高，可以表明其竞争力越高[110]，通过林业产业资本实力的不断积累和市场占有率的不断扩大，林业产业将有更多的资金用于林业产业基础设施建设、产业结构优化转型、科技创新研发投入等活动，通过产业结构的优化转型不断使产业向高级化、现代化、信息化方向发展，促进产业结构合理化和产业结构高级化顺利实现，从而提升产业的生产效率，提高资源的利用率[114]；而科技创新对基础设施、经济实力和可持续发展均存在着显著的促进作用，随着基础设施不断完善、经济实力不断提升和可持续发展能力不断优化，更有利于产业环境的不断优化[115]，而随着林业产业的生产环境优化、生产效率不断提高、现代化程度的提升以及资源利用率不断提高，林业产业综合竞争力也将随之提高。

同时，模型右侧要素的作用过程，是从市场、体制、法制、政策的软环境出发，政策的支持为林业产业发展提供了良好的政治环境，国家政策的导向将使国家对林业产业的发展更加重视，使林业产业的投资成本和进入难度降低，促进林业产业快速发展；经济环境的改善可以降低林业产业的融资成本，加快林业产业资金回报速度，增加林业企业的信用，从而加速林业产业的发展，市场、体制、法制、政策的软环境为林业产业的长期发展在政策和市场环境上营造了一个很好的环境，而林业产业在长期发展和成长中资源的不断积累、基础设施的不断完善和生态环境的不断优化中，资源的不断积累为林业产业的企业和产业竞争力提升奠定了物质基础，基础设施的不断完善可以改善林业产业的运行环境，提升基本运行环境的竞争力，生态环境的不断优化为林业产业长期可持续发展奠定了基础，为林业产业的科技创新奠定了基础，这些都可以提升基本发展竞争力。而基本运行环境的改善，使产业不断发展，产业和企业就可以研发更多的具有较强市场竞争力的产品，产业和企业的竞争力不断提高，可以有更强的竞争力去占有市场资源，从而用于产业的不断可持续发展，林业产业有更多的资源、更具有竞争力的新产品就可以占取更大的市场份额，随着林业产业的不断发展，林业产业结构不断优化升级，产品的生产成本降低，生产不断深化，林业产业就可以创造更多高附加值的产品，而市场占有率和产品的提高直接表现为林业产业区域竞争力的提高，最终提高林业产业的综合竞争力。

第五节　本章小结

本章借鉴了现有研究成果，将林业产业区域竞争力划分为企业的外在竞争力和内在竞争要素，并对其进行深入分析。在此基础上结合林业产业实际特点，构建了林业产业区域竞争力"四位一体"模型，即林业产业环境竞争力—林业基础竞争力—林业核心竞争力—林业外显竞争力及各要素推动作用关系，进一步分析了该模型构成要素间的关联关系。

第四章　林业产业区域竞争力的影响因素及影响机理研究

鉴于林业产业区域竞争力的构成要素和影响因素的联系和区别，同时林业产业是一个覆盖面广、产业链长、产业梯度大的产业，林业产业区域竞争力的影响因素众多，具有复杂性和动态性，研究林业产业区域竞争力的影响因素及影响作用程度，可以进一步揭示林业产业区域竞争力的形成机理。本书在对结构方程模型特点进行分析的基础上，构建出影响因素分析框架，并以此为基础提出了理论假设，最后采用 LISREL 结构方程模型对我国林业产业调查问卷中的基本数据进行了实证分析，对其理论假设进行了验证。

第一节　结构方程模型分析

一、基本原理

结构方程模型（Structure Equation Modeling，SEM）源于 20 世纪 20 年代怀特（S. Wright）提出的路径分析概念[116]。20 世纪 70 年代，瑞典统计学家、心理学家杰瑞斯科克（K. G. Joreskog）第一次正式提出了结构方程模型这一概念[117]。随后社会学、经济学和心理学等多学科都先后引入了结构方程模型，发展了潜变量概念是其最大贡献。

在结构方程模型当中，变量由测量变量（Measured Variable）与潜变量（Latent Variable）两种基本形态构成。测量变量是真正被结构方程用来分析与计算的基本元素，而潜变量则是由测量变量所推估出来的变量。结构方程中的变量又可以区分为内生变量与外生变量。内生变量（Endogenous Variables），是指模型当中可受任何一个其他变量影响的变量，也就是路径图中由任何一个其他变量以单箭头指向的变量；外生变量（Exogenous Variables），是指模型当中可以影响其他变量，但不受任何其他变量影响的变量[116]。在结构方程模型中，内生测量变量是当潜变量作为内生变量时所影响的测量变量；外生测量变量是当潜变量作为外生变量时所影响的测量变量。因为外生变量不受其他变量的影响，因此必为自变量；而内生变量由于受其他变量影响，所以多作因变量，但是内生变量在影响其他变量时亦可以作为自变量。在回归分析中，作为被解释变量的因变量一直是研究的焦点，因此在结构方程模型中重要的变量是内生变量。内生变量含有残差是它的一个重要性质，因为模型当中的其他变量不能完全解释内生变量，所以将不完全部分定义为残差。在测量变量中，残差部分是指变异量无法被完全解释的部分，定义为测量残差（uniqueness）。在潜变量中，由于内生潜变量无法被完全解释，所以残差部分是排除测量误差的影响，因此不能视为测量误差，而模型无法有效解释内生潜变量的部分，是其他变量无法解释的独特变异量，这部分必定受模型以外的其他变量影响，是模型的干扰项（disturbance）。由于它无法被其他变量有效解释，因此也可以将这部分称为解释残差或预测残差。[116–117]

结构方程模型由测量方程（Measurement Equation）和结构方程（Structural Equation）两部分组成。其中，测量方程度量的是潜变量和指标之间的关系；结构方程则度量潜变量与潜变量之间的关系。[117]

（1）用测量变量表示观测变量与潜变量间的关系如下：

$$y = \Lambda_y \eta + \varepsilon$$

$$x = \Lambda_x \xi + \delta$$

x——由外生观测变量组成的向量；

y——由内生观测变量组成的向量；

Λ_x——外生变量在外生潜变量上的因子负荷矩阵；

Λ_y ——内生变量在内生潜变量上的因子负荷矩阵；

δ ——外生变量 x 的误差项；

ε ——内生变量 y 的误差项。

（2）用结构方程表示潜变量与潜变量之间的关系如下：

$$\eta = B\eta + \Gamma\xi + \zeta$$

η ——内生潜变量；

ξ ——外生潜变量；

B——内生潜变量间的关系；

Γ ——外生潜变量对内生潜变量的影响；

ζ ——结构方程的残差项，反映了 η 在方程中未能被解释的部分。

二、计算步骤

结构方程模型的分析大概可分为七个步骤，如图 4-1 所示。

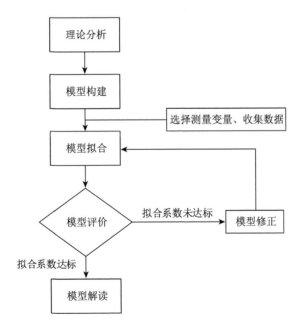

图 4-1　结构方程模型分析过程

Fig. 4-1　Structural equation model analysis

第二节　林业产业区域竞争力的影响因素分析

一、林业产业区域竞争力影响因素结构

林业产业是一个贯穿第一、第二、第三产业的庞大产业体系，其产业链长、涉及范围广且产品种类繁多，不仅为工业生产及社会发展提供了大量的丰富资源，同时也逐渐成为推动国民经济发展的基础性产业，在国家整体经济发展和社会进步中担任重要角色。但是由于各个区域在政府、组织以及企业和面临的资源、市场等层面各有区别，因此林业产业在不同地区的发展状态和水平是具有较大差异的，对区域整体经济发展的影响程度也是不同的。

迈克尔·波特研究了十多个国家存在明显竞争优势的产业（以该国产业的出口额占世界该产业总出口额的比例为主要指标），得出了产业竞争力主要是由需求条件、相关产业、企业战略与竞争、要素条件、政府以及机会六个要素决定的结论。波特的"钻石模型"是竞争力分析的经典模型，如图4-2所示。

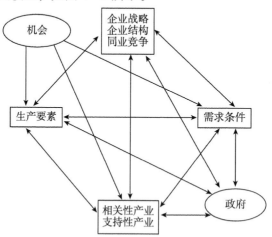

图4-2　迈克尔·波特的"钻石模型"

Fig. 4-2　Michael Porter's diamond model

芮明杰教授（2006）[19]在波特的"钻石模型"的基础上增加了一个要素，即将知识吸收与创新能力加入"钻石模型"中间成为其核心，如图4-3所示。芮明杰教授认为真正发展产业的持续竞争力需要这个核心的驱动。因此，培养自己的知识吸收与创新能力是现在与未来我国产业发展的第一要素，更大程度上参与国际产业分工体系，并在产业链中谋求好的位置是我国产业发展的关键，进而在全球经济中保持与发展自己的产业竞争力。

在产业和企业发展中具有主导性、战略性作用的是知识创新、技术创新，而传统生产要素所处的地位逐渐下降。

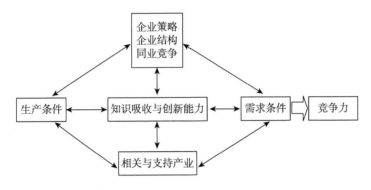

图4-3 芮明杰的"新钻石模型"

Fig. 4-3 Rui Mingjie's New diamond mode

本书在综合参考波特教授以及国内专家芮明杰教授改进对产业竞争力的影响要素研究基础上，进一步借鉴奉钦亮、张大红（2010）[32]，胡申（2012），李冉（2013）的研究[118-119]，区分产业竞争力的影响要素，构建针对林业产业的竞争力分析的影响因素结构，如图4-4所示。

结合林业产业的产业特征，识别出对林业产业区域竞争力产生影响的关键要素，根据各种要素在产业竞争力中的作用不同，本书把影响林业产业区域竞争力的要素分为主体因素和客体因素两部分。由市场条件和资源条件构成客体因素，是产业竞争力形成的平台和依托。政府支撑、产业组织结构和科技创新构成主体因素，在产业竞争中起主导作用。只有仔细分析竞争中起能动作用的要素，才能掌握林业产

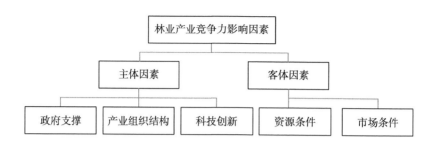

图 4-4 林业产业区域竞争力影响因素结构图

Fig. 4-4 The structure figure of influence factors of

forestry industryregional competitiveness

业区域竞争力的本源。跨国公司的出现等影响因素之外的情况,并不能从实质上改变对林业产业区域竞争力分析的基本框架。本书将围绕主体因素包括政府作用、产业结构和科技创新,以及客体因素包括资源条件和市场条件对林业产业区域竞争力的形成机制进行分析。

二、主体影响因素

1. 政府支撑

政府支撑包括政府制定的政策和行政规划对林业产业发展的影响、政府对林业产业发展进行的投资、对林业产业发展过程中的规范管理和监督监测、政府对林业产业发展过程中的协调管理等方面。政府对林业产业政策和发展规划中的限制性政策会抑制产业的发展,而支持性的政策则会对产业发展提供有利的支撑;政府对林业产业的投资能反映出一定的政策倾向,林业产业资本主要来源于国家对林业产业的投资,投资额越大越能促进林业产业的发展;对林业产业监督监测以及协调管理可以从国家宏观层面监督林业产业的发展,可以促进我国林业产业布局的合理性、发展的均衡性、资源利用的可持续性和共享性,促使林业产业的稳定发展。

通过政策手段、经济手段、法律手段及行政手段等一系列方式实现政府对林业产业的作用。政府对林业产业作用的最高形式是法律手段,一些带有普遍性的重大问题,政府往往从法律上做出明确和具体规定，要求林业产业无条件地贯彻执行。政府对林业产业作用的普遍形式是政策手段，政府根据林业产业的总体发展战略和要求制定政策，主要目的是解决林业产业发展中的各种矛盾。政策手段的重要保证是经济手段，辅以必要的经济手段可以保证政策得以贯彻执行。政府经常运用的管理手段是行政手段，行政管理手段可以保证法律手段、政策手段、经济手段的贯彻实施。行政管理可以保证林业产业顺利健康发展，通过制订林业产业发展规划和计划，明确林业产业的发展方向、目标和要求；在政府的主导下，通过协调组织、企业间、部门间的各种矛盾，建立一定的监督、监测机构等。

2. 产业组织结构

产业集中度、产业规模和产业聚集度是产业组织结构的主要表现，产业集中度高，产业在市场中的垄断性相对较强，表现为市场竞争力强；产业规模直接影响着产品成本水平，同等的产品质量，较低的生产成本会使产业在市场竞争中形成成本优势，使产业实现规模经济效益；产业集聚度高会使生产产品的相关企业建立价值链和供应链关系，延长产品生产的产业链，从而保证产品生产质量的稳定性，更好地满足消费者的物质需求和精神需求，赢得消费者的肯定，使产业在市场竞争中具有良好的知名度和美誉度。

林业产业对自然资源（如地域、地质、气候、土壤、水文等）的依赖特性，对林产品的质量、品质、成本、类型等都有很大的影响，并且直接影响林业产业空间集群的形成。产业集群是 20 世纪后半期在国际上迅速兴起的产业组织模式，指某一产业领域相关联企业及其支撑体系在一定地域内发展，并形成具有持续发展能力和竞争优势的经济群体[120]。目前我国的林业集群数量少、产业链不完善、专业层次低。同时，企业与企业之间的分工协作不够细致紧密，社会化服务程度低，这些因素都影响着我国的林业产业区域竞争力[121]。

因此，我国林业产业结构还应做出进一步的优化升级，以林业第二产业为依托，在巩固第一产业基础地位的同时快速发展第三产业，使我国林业产品逐步中高端化，不断增强我国林业产品的竞争力[121]。

3. 科技创新基础

从作用层次角度来看，林业产业科技创新包括生产技术、产品技术和管理技术的创新。林业产业技术的核心是林业产品技术。林业产业技术创新通过改善学习机制和提高制度效率，提高生产要素的使用效率，实现林业产业区域竞争力的可持续增长。制度效率是指产业的经济活动效率受制度影响部分和政府的服务效率。学习机制指企业改善自己的生产结构和政府完善服务效率的机制[122]。一方面，技术创新推动制度效率的提高和学习机制的形成；另一方面，制度效率和学习机制通过技术创新持续发挥作用。技术创新的流量和质量决定技术创新对产业竞争力的贡献率。技术创新的流量大小反映的是创新的活跃程度。创新的流量越大，则通过创新实现的技术进步越快，创新对竞争力增长的贡献就越大，竞争力就越能持续性地增长。实质性创新的比重越高，创新质量就会更高，也就会有更大的创新来实现竞争力的提升[123]。

技术创新动态作用于产业竞争力，即率先创新—模仿创新—新一轮创新—产业竞争力的增强。技术创新的渠道有自主开发技术、向国外引进技术（模仿创新）和相关产业技术（创新扩散）的发展三个渠道。率先创新使新的科技成果首次转化为现实的生产力，具有引擎效应。经济中的诱导性激励和强制性激励促使率先创新行为的产生。新的盈利机会产生诱导性激励，技术、组织或者制度方面对技术创新的要求形成强制性激励。通过众多企业对于率先创新的模仿可实现率先创新对产业竞争力的贡献，模仿创新对于创新植入增长具有扩张效应。诱导性或者强制性激励的强度大小决定了企业模仿创新行为是否发生。模仿创新的程度一旦接近饱和，产业发展就需要出现新的率先创新，为持续的竞争力增长提供新的动力。新的创新被率先创新替代通常有三种可能的渠道：一是强制替代，即无论现存的技术是否已经过时，新的创新技术都会强制性替代现有技术；二是边际替代，即当围绕现存技术的模仿使企业边际收益趋于零时，出于发展的需要，一些企业就会推出新的技术；三是差别替代，即推出与现存技术功能相似或者相近的创新技术，在特定的市场中替代现存技术。

三、客体影响因素

1. 资源禀赋

根据 2014 年第八次全国森林资源清查结果显示,我国全国森林面积为 2.08 亿公顷,森林覆盖率为 21.63%,森林蓄积量为 151.37 亿立方米。人工林面积为 0.69 亿公顷,蓄积量为 24.83 亿立方米。与第七次森林资源清查结果相比,我国森林资源的总量持续增长。森林面积由 1.95 亿公顷增加到 2.08 亿公顷,净增 1223 万公顷;森林覆盖率由 20.36% 提高到 21.63%,提高 1.27 个百分点;森林蓄积量由 137.21 亿立方米增加到 151.37 亿立方米,净增 14.16 亿立方米。森林质量不断提高。森林每公顷蓄积量增加 3.91 立方米,达到 89.79 立方米;每公顷年均生长量提高到 4.23 立方米。随着森林总量增加和质量提高,森林生态功能进一步增强。全国森林植被总碳储量 84.27 亿吨,年涵养水源量 5807.09 亿立方米,年固土量 81.91 亿吨,年保肥量 4.30 亿吨,年吸收污染物量 0.38 亿吨,年滞尘量 58.45 亿吨。天然林稳步增加。天然林面积从原来的 11969 万公顷增加到 12184 万公顷,增加了 215 万公顷;天然林蓄积量从原来的 114.02 亿立方米增加到 122.96 亿立方米,增加了 8.94 亿立方米。人工林快速发展。人工林面积从原来的 6169 万公顷增加到 6933 万公顷,增加了 764 万公顷;人工林蓄积量从原来的 19.61 亿立方米增加到 24.83 亿立方米,增加了 5.22 亿立方米。人工林面积继续居世界首位。清查结果显示,我国森林资源进入了数量增长、质量提升的稳步发展时期。但是,我国森林覆盖率远低于全球 31% 的平均水平,人均森林面积仅为世界人均水平的 1/4,人均森林蓄积量只有世界人均水平的 1/7,森林资源总量相对不足、质量不高、分布不均的状况仍未得到根本改变。

2. 市场条件

一个国家发展林业产业的动因往往是市场需求条件。一个国家的经济发展水平在很大程度上影响着林业产品的需求。经济发展水平越高,经济增长越快,对林业产品的需求量也就越大。需求对象的多样性促进多品种的林业产品的发展，可满足不同用户的需求。在质量等同的情况下，价格就成为关键因素。企业通过准确地识别需求对象，甚至是主动地创造需求，来实现竞争优势。市场状况深深影响了企业认知与诠释客户需求的能力。厂商对周围需求的注意力是最敏感的，所需的成本也最低。当新产品开发部门或研发计划的负责人做决策时，很少会考虑本地市场以外的需求，厂商的产品如果能在本地市场获得成功，它所获得的自我肯定也是最大的。

林产品及生产要素交易必须以市场机制为基础，完善的林业市场机制，可以促进林业企业能够贴近林产品市场主体、迅速获得林产品市场信息及制定多元化的市场竞争策略，防止林业企业与市场脱离，实现资源和要素向优势企业转移，提高市场集中度，促进林产品有效配置。

第三节　研究假设及影响形成机理理论模型构建

一、影响形成机理理论模型的构建

基于上述对林业产业区域竞争力主客观影响因素的分析，林业产业区域竞争力是在主体影响因素，即政府支撑、产业组织结构和科技创新的推动下，在正确识别市场条件、有效配置产业资源的情况下形成的。具体来说，政府支撑调节着林业产业区域竞争力，在大力发展林业产业的国家之中，林业产业对于国民经济发展来说是基础性和战略性的产业，林业产业的兴衰对整个国民经济的发展有着重大的影响，因此，林业产业会受到政府的调控和管理。产业组织结构推动着林业产业区域竞争力的形成，而林业产业规模经济效应与林业产业成本优势都受林业产业区域竞争力形成的影响。在一定程度上，技术创新决定着林业产业区域竞争力的形成。影响林业产业区域竞争力的客体要素是对林业产业区域竞争力的硬约束，是不会随着主体因素改变而发生改变的，但是，也不是完全不会发生改变的。产业的发展和技术水平的提高促使着林业产业资源条件的优化和市场条件的不断完善，而资源条件不断提升、市场条件不断完善促进着林业产业区域竞争力的提升。

具体来说，一方面，政府通过市场条件、资源禀赋的中介作用，在很大程度上影响着林业产业区域竞争力的形成；林业产业技术创新通过市场条件、资源禀赋的客体因素，推动林业产业区域竞争力提升；林业产业组织结构通过市场条件、资源禀赋作用于林业产业区域竞争力。另一方面，政府支撑、产业组织结构和科技创新，分别直接影响作用于林业产业区域竞争力；资源禀赋条件又制约着林业产业区域竞争力；市场条件也会对林业产业区域竞争力的形成和提升产生重要影响。基于以上思路，结合林业产业区域竞争力影响因素结构图（见图 4 – 4），本书构建了林业产业区域竞争力影响形成机理理论模型，如图 4 – 5 所示，并以此提出林业产业区域竞争力影响形成机理研究假设。

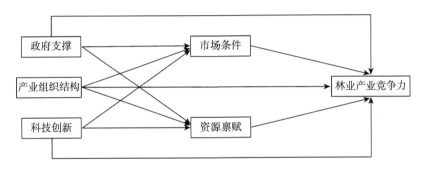

图 4 – 5　林业产业区域竞争力影响形成机理理论模型

Fig. 4 – 5　The theory model of influence formation of forestry industry regional competitiveness

二、研究假设的提出

根据林业产业区域竞争力影响形成机理理论模型，政府支撑、产业组织结构、科技创新等因素，直接或间接通过市场条件和资源禀赋对林业产业区域竞争力产生影响。找出各因素对林业产业区域竞争力的影响路径，对各种因素影响林业产业区域竞争力的方式和程度进行分析、确定、验证，有利于对影响林业产业区域竞争力的关键要素进行识别，为设计增强林业产业区域竞争力渠道提供依据和参考。

（1）政府支撑→资源禀赋→林业产业区域竞争力。

通过产业政策等一系列手段，指挥和配置产业的各项资源、规范人们的经济活动，产业发展政策在很大程度上影响着林业资源条件。学者诺思提出了将制度视为影响经济发展及产业结构的内生变量，即通过一系列具体制度安排来促进政策的有效发挥[124]。在以地方政府和行政主管部门为主体的政府部门的支持下，为促进林业发展和竞争力的提升，通过政策和经济手段，不断提高林业投资在国家投资中所占的比重，培育林业技术创新人才，促进林业现代化，提高林业生产效率和生产水平，实现林业可持续、高效、健康发展。由于林业在国民经济中的特殊地位，以及林业产业有别于其他产业的特点，林业产业的可持续发展依然需要地方政府在政策和资金方面的大力支持。而地方政府对林业产业的支持，主要体现在通过投资充实加固林业产业经济基础，完善公共设施建设以及提高林业产业资源优势，增加政府对林业产业发展的资金投入，以改善林业产业经济基础条件。一方面，影响较大的天然林保护工程政策及林业产权改革制度的实施，特别是其中的天然林保护政策，对国有林区林业产业的发展带来生机和活力，使资源得到了保护，依托森林资源的林业经济及森林旅游等第三产业得到了较快的发展。另一方面，政府通过宏观政策调整林业产业资源，进行林业资源合理有效配置，进而促进林业产业区域竞争力极大提升[125]。

因此，提出以下假设：

H1：政府支撑对林业产业资源禀赋具有正向影响，进而影响林业产业区域竞争力。

（2）政府支撑→市场条件→林业产业区域竞争力。

市场是一个企业获得生存和发展空间的主要载体，是企业展现产品创新及提升竞争力的重要平台[126-127]。政府作为一种非市场力量，对林业市场的有序运行也起到了重要作用。第一，政府通过提供公共产品和完善基础设施，来提高集聚企业的经济效率和市场的吸聚力。政府在林业产业方面建设和完善了大量的公共基础设施，这些公共基础设施的不断完善，不仅可以降低林业产业单位产品的成本、提高林业产业的经济效率、促进林业产业的发展，而且客观上也增加了区域对区域外的国内和国际投资的吸引力，吸引国际林业集团及其相关的产业，开拓国际市场，也提高了产业的国际优势和竞争力。第二，政府通过相关的法律法规，为林业产业企业营造了一个公平竞争和合作环境，制定林业产业的宏观发展和调控政策，创建信息共享平台，构建政府相关机构对林业产业的服务与合作的机制，为林业产业的高效有序发展提供相关的指导与服务，形成有利于企业与企业之间的、企业与政府之间的服务网络体制。第三，政府通过政策制定，保障林业产业市场经济正常运转和市场竞争公平有序的规则。尽管政府政策具有强制性，但是，在市场经济规律的作用下，政府及其行政主管部门为林业产业的发展更多地是从宏观层面提供一种调控和监管。总之，林业产业市场发展过程中，一定程度上受到了政府政策的引导甚至是强制力的影响，在调控和监督产业市场发展过程中转化成林业产业的竞争力提升[85]。因此，提出以下假设：

H2：政府支撑对林业市场条件具有正向的影响，进而影响林业产业整体竞争力。

（3）林业产业组织结构→资源禀赋→林业产业区域竞争力。

林业产业组织结构的不断优化，是林业产业组织结构从不合理到合理的调整过程，在合理化基础上，由滞后向高度化迈进的过程，就是林业产业组织结构优化的过程。在林业产业结构优化调整的过程中，产业的退出与转型以及各种要素空间地域上的不断变化和转移，在很大程度上会影响林业产业对其拥有的资源重新配置和利用，尤其是在产业发展所需要的经济资源方面。

资源禀赋受到林业产业组织结构的影响，随着生产力的不断提高，生产要素逐渐向生产效率高的部门转移，林业产业结构及产业在空间上的布局发生变动，促进林业企业的生产规模扩大，促使林业产业更容易形成规模经济，改变原有的竞争格局，林业产业组织也随之改变，进而推动林业产业向高级化方向演进，相应的资源配置随着新的空间布局和产业结构发生改变，在得到有效利用的前提下，进一步推动了产业竞争力的提高；另外，林业产业结构、布局及组织变动会导致社会需求的变化、导致消费者对林产品需求的波动，从而直接影响林业产业的资源要素分配与投入比例以及资源条件的变化，进而整体竞争力发生相应变动。同时，林业产业组织结构不断优化升级，降低了资源的消耗，提高了资源利用效率，并推动林业主导产业及其相关产业现代化水平不断提升，在很大程度上促进了林业产业区域竞争力的提升。因此，提出以下假设：[128-130]

H3：林业产业组织结构对资源禀赋具有正向的影响，进而促进林业产业区域竞争力的提升。

（4）林业产业组织结构→市场条件→林业产业区域竞争力。

随着林业产业组织结构的优化升级，以及消费者的消费观念和消费文化不断变化等，消费者对林业产业的消费需求总量和需求结构也会随之变化。随着产业结构不断完善，消费者需求偏好不断变化，消费者的要求不断提高，消费者对林产品的要求不断提高，对低附加值的产品需求减少，影响着林业市场的发展方向和市场产品的配置；另外，产业组织结构的变化，一定程度上加大了林产品的质量要求并改变了原有的需求结构，这就不断推进林业产业的市场发展。宏观主体及微观主体在经济利益及社会利益的驱动下，通过林业产业产值规模不断增加，林业产业组织结构不断完善，从而使林业产业及相关产业的生产效率不断提高，分工逐渐细化、专业化水平逐渐提高，林业产品消费需求在社会总需求中所占份额不断增大，林业企业生产要素的市场化程度通过林产品得到有效配置，并且产业组织结构的优化和市场基础、市场化体制的完善，推动参与国际林业产品市场竞争，发展林业产业国际贸易，增大林业产业国际市场的机会和潜力，提高林业产业产品的国际竞争力和国际影响力。最后，需求及供给将由于生产效率的不断提高、分工的细化以及消费者需求的变化而发生变化，三者共同作用引致林业产业的兴衰，推动林业产业系统向现代化、高层次方向演进。因此，提出以下假设：[58]

H4：林业产业组织结构对市场条件具有正向的影响，进而促进林业产业区域竞争力的提升。

（5）科技创新→资源禀赋→林业产业区域竞争力。

经济结构调整与优化在一定程度上来源于科技进步，一个地区林业产业科技创新能力的差异导致林业产业对资源敏感点产生较大差异。从影响资源禀赋的角度来看，林业产业对其所拥有的资源优势的选择存在机会成本，但是先进的技术水平、新的科技产品的投入，提高了林业产业产品的附加值，延伸了林产品的产业链，增强了林业企业的经济效应，加强了对林业产业的人才和技术等要素的吸引，可以不断提高林业产业的空间聚集度，吸收更多投资和人才，促进了林业产业的高效和可持续发展。同时，科技进步的显著成果提高了林业产业企业对林产品研发与林业发展技术资金和人才储备的重视。在长期的发展中，一方面，林业发展经历了垦荒造林阶段、采育结合阶段和多种经营体制并存阶段，林业产业经营逐步形成了"以林为基础，林、工、贸齐发展"的格局，实现了由传统林业向现代林业的转变；另一方面，林业产业发展由粗放的发展方式向可持续生态林业转变，注重林业生态和可持续功能，两方面综合加强林业自然资源条件的保护和经济资源条件改善，从而强劲提升林业产业区域竞争力。因此，提出以下假设：[79] [119] [131]

H5：林业产业科技创新对资源禀赋具有正向的影响，进而促进林业产业区域竞争力的提升。

（6）科技创新→市场条件→林业产业区域竞争力。

一方面，科技创新包括的不确定性和复杂性，导致林业产业科技创新活动具有高投入性、高风险性和高收益性的特点，这些特点为市场对科技创新的支持提供了可行性的依据和空间。另一方面，新技术的投入和新产品的研发从根本上改变了林业产业提供生产和服务的方式，在很大程度上提高了林业产业的生产效率和经营效率[132]。随着科技创新研发的不断投入，林业产业产品将在价格、质量、创新性等方面相比于其他产业产品具有较强的竞争力，这些为林业产业打开市场奠定了基础。而新产品不断地投入市场，是林业产业市场竞争力提升的源泉。市场是一个产业获得生存和发展空间的主要载体，是企业展现产品创新及提升竞争力的重要平台。在迈克尔·波特的产业竞争力模型中，市场需求是决定产业竞争力强弱的重要变量之一[126]。随着市场基础条件的不断完善，林业产业将有更多的机会和条件在市场竞争力中处于优势地位，而随着市场竞争力的提高，林业产业可以获取更多的资本，可以积蓄更多的市场条件和客户等资源，进而提升林业产业整体竞争力。因此，提出以下假设：

H6：林业产业科技创新对市场条件具有正向的影响，进而促进林业产业区域竞争力的提升。

（7）政府支撑→林业产业区域竞争力。

政府对林业产业发展的支撑表现在相对宽松的政策支持和一定的资金支持，林业企业有了良好的政策环境，就能够在发展中有更多政策方面的优势，减少林业产业发展的阻力。而林业产业有了足够的资金，就可以用于产业结构升级、科技创新投入，进而提升林业产业区域竞争力。政府为了实现某种经济和社会目标，引导企业发展方向，调节国家宏观产业结构和产业政策。产业政策的有效实施在很大程度上促进了产业竞争力的提升，单纯依靠市场的作用不能使资源得到有效、合理的配置，只有通过政府的宏观干预，对市场调节机制存在的缺陷进行弥补和修复，才能够更有效地完善产业组织结构，进而提升产业竞争力[133]。政府对产业的政策主要包括产业结构政策、产业技术政策等内容，它们通过影响产业的竞争环境，进而作用于产业竞争力。幼小产业保护政策、战略产业扶植政策和衰退产业调整政策等组成了产业结构政策，其产业结构政策的核心是产业发展的重点顺序选择问题；产业技术政策则直接或间接影响到企业技术水平和能力的大小，随着林业产业技术创新水平的提高，林业产业区域竞争力就会进一步提升[134]。一个强有力的政府产业政策的推动可以大大缩短这一调整周期，使林业产业可以在较短时间内越过较低层次向高层次过渡，即国家政策必须根据其工业化发展阶段和林业产业结构演进的趋势，规划和确定带动整个林业产业发展的战略，并通过各种产业发展规划、经济立法和政策措施的组合来扶持林业产业的起飞并诱导其按既定的目标发展，从国家宏观调控角度促进林业产业的发展，提升林业产业区域竞争力[135]。因此，提出以下假设：

H7：政府支撑对林业产业区域竞争力具有正向影响。

（8）林业产业组织结构→林业产业区域竞争力。

林业产业区域竞争力不仅取决于行业内部单个企业的竞争力，还与产业内各企业间的关联及产业内部资源的配置和转换存在密切关系，即林业产业竞争力的高低在很大程度上受产业组织结构的影响。因此，产业竞争力的形成，从本质上取决于产业内所有企业的素质和能力，但产业整体的竞争能力并不是构成产业的所有企业竞争力的简单相加。因为将所有企业组织起来构成产业合力，并将这一合力转化为大于单个企业能力集合效用的产业竞争力，还必须发挥产业组织或行业组织的作用。一般而言，产业组织结构主要指相同产业或市场内企业之间的结构和关系，既涵盖了企业规模和规模大小，即大、中、小型企业各自的比重和市场竞争关系，又包括生产经营同类产品的企业之间的相互分工和协作关系[136]。

总之，增强我国林业产业竞争力，需要实现产业内的合理分工，使产业的集中度处于合理的区间水平，并形成一定规模的产业集群，发挥产业集群优势，进而实现产业的外部规模经济。而这些都与林业产业组织密切相关，所以增强其产业竞争力，对原有产业组织展开优化升级，选择一个最优的产业组织就显得非常重要。因此，提出以下假设[137-139]：

H8：林业产业组织结构对林业产业区域竞争力具有正向影响。

（9）科技创新→林业产业区域竞争力。

竞争力的培育是知识经济时代下产业发展的动力，而知识溢出和科技创新是竞争力成长的源泉。科技创新可以提升基础设施竞争力，提升产业的经济实力竞争力，提升产品的市场吸引力和可持续发展。而产品的市场吸引力和可持续发展是林业产业区域竞争力的外在表现，也将决定林业产业市场资本的获取能力和未来的发展前景。科技创新是一个产业发展的核心要素，是创新系统结构优化与功能发挥作用的基础[140]。科技创新已经超越物质资本成为最具价值、最为稀缺的资源，是提升一个产业乃至一个国家核心竞争力的根本所在[141]。而一个产业只有具有了这种资源，才能够促进产业结构不断优化升级，提高产业的劳动生产率。对于林业产业来说，要想从根本上提升林业产业区域竞争力，就必须研发出具有林业产业鲜明特点、不可被其他产业模仿的产品或技术。一个产业只有具有较强的自主科技创新能力，才能不断延伸自己的产业链向世界高端市场进发，就能产生激活国家经济的新产业，就能拥有重要的自主知识产权而引领社会的发展。[142]因此，提出以下假设：

H9：科技创新对林业产业竞争力具有正向影响。

（10）资源禀赋→林业产业区域竞争力。

影响林业产业区域竞争力的理论基础是要素禀赋理论（Factor Endowment Theory）。经济学家大卫·李嘉图进一步诠释了比较优势理论的本质。虽然一个国家的某个产业不具备绝对优势，但其可以依靠与其他国家产业的相对比较优势，加入国际市场层面的竞争，且进一步形成自身的产业竞争力。在此理论框架之内，赫克歇尔首先提出要素禀赋理论，随后其学生瑞典经济学家俄林（B. Ohlin，1933）进行了丰富和延伸，他把要素禀赋理论视为 H－O 模型[143]，其核心内容表述为由于各个国家和地区之间在资源禀赋层面存在显著的差异，造成与之相应的生产要素价格之间的差异，此举也进一步导致生产成本和产品价格的差异，就其本质而言，即资源数量和要素价格之间的差异性，是各个国家和地区竞争力不同的根本原因。林业产业需要投入自然资源、人力资源、资本和生产技术等多种生产要素，鉴于人力资源和资本存在较强的流动性，因此，相比较其他要素而言，人力资源和资本两种生产要素的差异性较低，而自然资源中的土地、森林、原材料资源等具有很强的依赖性，所以原材料资源的区域差异对各地区的林业产业区域竞争力的影响非常明显[63]。在现代市场经济体制下，自然资源禀赋导致我国不同区域内原材料数量与价格的差异，原材料充裕以及相对应资源价格低的区域能够利用此优势来制造大批量且成本较低的林业产品及衍生品，进而在市场竞争中取得竞争优势，从而能够以更低的价格销售产品，具备较强的竞争力。因此，提出以下假设：

H10：林业资源禀赋对林业产业区域竞争力具有正向影响。

（11）此外，在迈克尔·波特的产业竞争力模型和产业经济学中，市场条件是决定产业竞争力强弱的重要变量之一。林业产业区域竞争力的形成过程是一个直接对市场条件开发和消费者需求得到满足的过程。

H11：市场条件对林业产业区域竞争力具有正向影响。

综合上述政府支撑、林业产业组织结构、科技创新、资源禀赋、市场条件与林业产业区域竞争力的关系理论和相关假设，形成以下变量间关系的假设（见表4－1）。

表4－1　林业产业影响因素对林业产业区域竞争力影响关系假设

Tab. 4－1　The assumption on the relationship between forestry industry

influence factors and the forestry industry regional competitiveness

假设	关系
H1	政府支撑对林业产业资源禀赋具有正向影响，进而影响林业产业区域竞争力
H2	政府支撑对林业市场条件具有正向影响，进而影响林业产业整体区域竞争力
H3	林业产业组织结构对资源禀赋有正向影响，进而促进林业产业区域竞争力的提升
H4	林业产业组织结构对市场条件具有正向影响，进而促进林业产业区域竞争力的提升
H5	林业产业科技创新对资源禀赋有正向影响，进而促进林业产业区域竞争力的提升
H6	林业产业科技创新对市场条件具有正向影响，进而促进林业产业区域竞争力的提升
H7	政府支撑对林业产业区域竞争力具有正向影响
H8	林业产业组织结构对林业产业区域竞争力具有正向影响
H9	科技创新对林业产业区域竞争力具有正向影响
H10	林业资源禀赋对林业产业区域竞争力具有正向影响
H11	市场条件对林业产业区域竞争力具有正向影响

第四节 林业产业区域竞争力影响
形成机理的实证研究

一、变量测度

在结构方程模型中所显示出来的各种因素都是潜变量，无法直接测量，为尽量避免具体应用中指标选取的随意性，对于影响因素观测变量的选取应当具有以下特点：

首先，观测变量必须要有代表性和科学性，且易于操作，尽量避免选取规模效应的变量。其次，选取的观测变量要系统全面，尽可能多地从各个角度反映林业产业的竞争力。最后，林业产业的竞争力是在动态中演进的，对应的观测变量也需要能够反映林业产业的动态发展。

本书选用的量表，参考了国内外学者的研究文献，并进一步基于科学原则和林业产业特点进行了筛选。

1. 政府支撑

政府对林业产业的支持在一定程度上对林业产业发展起着主导作用，扶持林业产业的发展，帮助林业产业解决其在发展中遇到的各种困难和矛盾，使林业产业可持续、高效、健康发展，对发展中国家的林业产业尤为重要；同时也影响到其他观测变量，包括林业产业的需求和市场以及整体林业产业结构。根据迈克尔·波特的竞争力钻石模型理论研究成果，并借鉴奉钦亮（2010）[125]、Bin Mei（2010）[144]等的研究，政府支撑包括五个题项。

政府支撑包括政府制定的政策和行政规划对林业产业发展的影响（V1）、政府对林业产业发展进行的投资（V2）、政府对林业产业发展过程中的规范管理和监督监测（V3）、政府对林业产业发展过程中的协调管理（V4）以及政府在林业产业有序发展中的服务效率（V5）五个方面。政府对林业产业的政策和发展规划中的限制性政策会抑制产业的发展，而支持性的政策则会对产业发展提供有利的支撑[83]；政府对林业产业的投资能反映出一定的政策倾向，林业产业资本主要来源于国家对林业产业的投资，投资额越大，林业产业的发展就会越快[119]；对林业产业监督监测以及协调管理可以从国家宏观层面监督林业产业的发展，可以促进我国林业产业布局的合理性、发展的均衡性、资源利用的可持续性和共享性，促使林业产业稳定发展；服务效率反映了政府管理以及服务过程中对林业产业的支持力度，更高的支持度可以降低林业产业经营成本，使林业产业在市场竞争中具有更好的成本优势。

2. 产业组织结构

林业产业作为一个庞大的产业，产业本身组织结构的发展不仅取决于产业的规模，还包括产业空间集群度等方面。依据迈克尔·波特钻石模型和芮明杰改进的新钻石模型理论，借鉴胡申（2012）[118]、王晗（2019）[145]等的研究成果，产业组织结构包括三个题项。

产业组织结构包括林业产业产值规模大小对林业产业区域竞争力的重要性（V6）、林业产业发展过程中企业空间聚集程度对产业竞争力的重要性（V7）、林业产业内部结构（林业三个子产业比重）对竞争力的重要性（V8）三个方面。林业产业规模越大，规模效应越明显，产品成本越低；林业产业空间集群度通过产业集聚，转变经济增长方式、提高资源再配置效应、实现资源节约[129]；产业内部结构是指林业产业三个子产业的比值关系，一个地区林业产业的产品附加值强度通过第二产业的规模来表现，第三产业产值越高，说明林业产业的产业升级较快、产业结构较好[119]。

3. 科技创新

林业产业的发展，不仅需要研发经费和领军人才以保证自身技术创新能力的发展，还需要知识产权等多方面的发展。根据芮明杰改进的新钻石模型理论研究成果，同时参考 Constance Van Horne（2006）[58]、Ewald Rametsteiner（2005）[57]、Klaus Seeland（2011）[64]等文献，科技创新包括五个题项。科技创新包括林业产业先进核心技术和创新成果的多少（V9）、林业产业自主知识产权及专利获得的重要性（V10）、林业产业高水平科研团队以及领军人才数量对产业竞争力的重要性（V11）、林业产业技术研发经费投入的重要性（V12）和林业产业科技成果转化率的高低（V13）五个方面。林业产业技创新成果是产业科技发展水平的直接体现，也是林业产业创新能力提升的关键指标，林业产业技术领域的技术竞争地位通过这个指标反映；林业产业自主知识产权及专利获得数量在很大程度上反映了林业产业的知识产权意识和独有的竞争力，而林业产业产品基于林业产业的独特性所具有的特点是林业产业区域竞争力的根本所在；林业产业高水平科研团队以及领军人才数量是林业产业进行创新的基础，是林业产业创新力的源泉；林业产业技术研发经费投入反映林业产业对科技研发的重视程度以及科研经费的投入力度，投入越大，科技预期产出也就越多；林业产业科技成果转化率是指科技成果实践运用的比率，科技成果只有应用于实践才能发挥其作用力，才能够有效地提高林业产业的生产效率[119]。

4. 资源禀赋

林业产业涉及的产业较多，在发展中需要相关产业的支持与合作。完善的交通设施是林业产业发展必不可少的。林业产业需要土地、森林以及生态保护区等基础资源和经济资源，还需要各种装备、器材，不仅运输量大，而且运输范围广，各种器材的运输需要有良好的公路运输条件以及铁路运输条件和水运条件支撑。依据迈克尔·波特钻石模型和芮明杰改进的新钻石模型理论的生产条件和支持因素，同时借鉴黄蓓、王瑜（2011）[83]，李冉（2013）[119]，Matthias Dieter（2007）[59]和 Nenad Savić（2011）[62]等研究，资源条件包括四个题项。资源条件包括土地、森林以及生态保护区等基础资源（V14）、经济（资金、信贷）资源（V15）、装备和器材（V16）以及交通和物流支撑条件（V17）四个方面。土地、森林以及生态保护区等基础资源是林业产业得以发展的基础，是林业产业有别于其他产业的根本特征；经济（资金、信贷）资源投入越多，越有利于林业产业规模化发展和林业产业产品的深加工，提升林业产业的规模优势；装备、器材的数量将在一定程度上提高林业产业的生产效率，使林业产业向现代化、工业化和专业化方向发展；交通、物流支撑条件是林业产业的基本保障，提升交通、物流支撑条件可以增加林业产业要素投入、促进要素生产率的提高、缩短资本回流和再利用的时间[146]。

5. 市场条件

依据迈克尔·波特钻石模型和芮明杰改进的新钻石模型理论的市场需求因素，借鉴王晗（2019）[145]，奉钦亮、覃凡丁（2012）[85]以及王庭秦（2013）[147]等文献研究以及参考国家林业局《全国林业产业发展规划（2011—2020）》资料，市场条件包括三个题项。市场条件包括林业产品消费需求在社会总需求中所占份额（V18）、林业产业市场化程度以及林产品有效配置（V19）、林业产业国际市场的机会和潜力（V20）三个方面。在社会总需求中，林业产品消费需求所占份额较大，林业产品消费量大，表明林业产业产品有很好的市场前景，促使林业产业进行产能扩张，提高生产效率，来满足消费者对林业产业产品数量和质量的要求；林业产业市场化程度较高的地区存在较发达的金融体系和更多的融资渠道，可以使民营企业面临的融资约束得到一定程度上的改善，提高了林业产业资本的流动性和市场的竞争力，同时也使林产品在市场调节中得到有效配置[148]；最后，在全球经济一体化进程迅速加快的国际背景下，世界各国间的经济关系越发密切，在建立我国产业竞争力的过程中，准确定位我国林业产业在国际市场的竞争地位非常关键。对于我国林业产业，尤其在全球生态问题越来越受到各国关注的情况下，国际市场的机会和潜力十分巨大，但国际市场的变量因素大大增加，我国林业产业要在面对国际市场因素的多元影响中培育竞争力，需要充分思考如何有效地利用林业国际市场。

6. 林业产业区域竞争力

根据第二章中对林业产业区域竞争力含义和特点的界定以及现状维度分析，进一步参考 Olman Segura – Bonilla（2003）[149]、Matthias Dieter（2007）[56]、Georges Kunstler（2012）[150]、James Peter Sutcliffe（2012）[65]、Gan（2013）[66]等竞争力研究成果，林业产业区域竞争力包括四个题项。林业产业区域竞争力包括林业产业销售增长率（V21）、林业产业市场占有率（V22）、林业产业生态环保的可持续发展水平（V23）以及林业产业发展过程中能够产出的新技术（核心技术）、新产品（V24）四个方面。林业产业销售增长率反映了林业产业的发展状况，销售增长率的提高可以促进林业产业积累更多的资金，提高林业产业产品的活性，提高林业产业的生产积极性，进一步促进林业产业的技术创新和产业组织结构的完善；评价林业产业业绩的重要指标是林业产业所占市场份额，林业产业有较大的市场占有率，促使林业产业扩大生产，由于规模效应的产生降低了单位生产成本，同时，产业规模越大，投资回报率也就越高[151]；林业产业生态环保的可持续发展水平包括生态环境保护和可持续发展两个方面，林业资源可持续利用是林业产业的使命和长期的发展战略目标之一；在追求经济效益的同时，生态环境保护也是林业产业承担的社会发展的责任，这两方面有机结合可以很好地提升林业产业资源优势，提升林业产业的形象。林业产业发展过程中能够产出的新技术（核心技术）、新产品是评价林业产业区域竞争力的一个重要指标，由于企业研发投入、研发效率等不同，很可能会形成不同的技术优势，这可以反映林业产业在某一技术领域内的技术竞争地位，也是林业产业综合竞争力的重要驱动力的表现。

具体量表见表 4 - 2。

表 4 - 2　林业产业区域竞争力影响形成机理要素量表

Tab. 4 - 2　The scale factors of forestry industry regional competitiveness influence formation mechanism

变量	编号	题项	参考来源
政府支撑	V1	政府制定的政策和行政规划对林业产业发展的影响	黄蓓、王瑜（2011），李冉（2013），Bin Mei（2008）
	V2	政府对林业产业发展进行的投资	
	V3	政府对林业产业发展过程中的监督监测	
	V4	政府对林业产业发展过程中的协调管理	
	V5	政府在林业产业有序发展中的服务效率	
产业组织结构	V6	林业产业产值规模大小对林业产业区域竞争力的重要性	胡申（2012），王连芬（2005），奉钦亮、覃凡丁（2012）
	V7	林业产业发展过程中企业空间聚集程度对产业竞争力的重要性	
	V8	林业产业内部结构（林业三个子产业比重）对竞争力的重要性	

变量	编号	题项	参考来源
科技创新	V9	林业产业先进核心技术和创新成果的多少	Constance Van Horne 等（2006），Ewald Rametsteiner 等（2005），Klaus Seeland 等（2011），芮明杰（2006）
	V10	林业产业自主知识产权及专利获得的重要性	
	V11	林业产业高水平科研团队以及领军人才数量对产业竞争力的重要性	
	V12	林业产业技术研发经费投入的重要性	
	V13	林业产业科技成果转化率的高低	
资源禀赋	V14	林业产业土地、森林以及生态保护区等基础自然资源	Matthias Dieter 等（2007），Nenad Savić 等，（2011）蒋妍茜（2004）
	V15	林业产业的经济（资金、信贷）资源	
	V16	林业产业发展需要所拥有的装备、器材	
	V17	林业产业的交通、物流支撑条件	
市场条件	V18	林业产品消费需求在社会总需求中所占份额	奉钦亮、覃凡丁（2012），王庭秦（2013），徐承红、武磊、冯尧（2011）
	V19	林业企业生产要素的市场化程度以及林产品有效配置	
	V20	林业产业国际市场的机会和潜力	
林业产业竞争力	V21	林业产业销售增长率	Olman Segura – Bonill（2003），Matthias Dieter 等（2007），Georges Kunstler 等（2012），James Peter Sutcliffe 等（2012），Gan 等（2013）
	V22	林业产业的市场占有率	
	V23	林业产业生态环保的可持续发展水平	
	V24	林业产业发展过程中能够产出的新技术（核心技术）、新产品	

二、调查问卷设计及数据收集

（一）问卷设计

基于大样本统计和研究目的，本文设计出林业产业影响因素作用机理的调查问卷。需要说明的是，本文在设计变量内各个题项时，在严格区分各个题项之间含义的基础上，确保各题项较高的一致性，根据被调查者理解程度不同设计，便于被调查者理解，提高问卷的信度和效度水平。此外，参考国内外学者研究，采用以下步骤进行问卷设计。

（1）文献研究。为了使变量具有较好的内容效度，通过对相关领域的经典文献进行研究，尽可能参考国内外已有的成熟量表，同时根据钻石模型和新钻石模型理论研究成果，对研究中的测度题项进行设计，形成了研究初始问卷。

（2）实际调查。在文献研究的基础上，本研究实际走访林业及森工企业和研究院，征求和询问被调查者对研究初始假设的观点和看法，挑选出设计不够合理的题项，进行修正和完善，形成调查问卷的修改稿。

（3）专家意见。通过参加学术会议、林业高校相关专家讲座，征求和询问林业领域的专家学者对研究问卷的修改稿中假设的观点和看法。根据专家意见，对问卷进行二次修正和完善，使题项能够充分测量影响指标，包括研究的理论层面，形成研究问卷的第三稿。

（4）小样本预测。在实施正式的大样本问卷发放前，首先对小样本问卷发放进行预测，以初步检验变量的信度和效度水平，剔除没有通过信度和效度检验的测量题项，形成最终问项。

调查问卷第一部分是被调查者基本信息，包括性别、年龄、单位、工作时间以及学历等。第二部分为问卷的主体部分，包括对所研究变量的测量，采用 Likert7 点式量表赋分，1~7 分表示程度依次提高。被调查者在填写问卷时，可能会因为不理解问题的真实含义、不知道所设问题的答案、不记得所设问题的答案以及知道问题的正确答案，可能因为某种原因不愿意给出真实的答案等主观判断和思维，对问卷结果的准确性和客观性造成不利影响，最终影响研究结论的可靠性。因此，首先，本文在设计问卷时，基于文献研究，征求多方林业领域学术专家、技术专家、企业管理者的意见，不断改进问卷设计，并对问卷进行了预测试，清晰、准确地将问题表述出来，避免被调查者对问卷问题发生歧义和误解，有助于调查顺利进行。其次，主要选取了与林业产业领域相关的企业、政府部门、高校或者科研院所的工作一年以上的被调查者问卷数据，以增强问卷数据准确性。最后，问卷中的所有问题都是关于林业领域现阶段或最近三年的竞争力及影响因素情况，尽可能降低被调查者出于记忆原因对问卷结果造成的负面影响。

（二）数据收集

为保证研究具有较高的质量水平和外部效度，首先通过选择合适的问卷发放渠道，保证问卷发放和回收的可靠性和有效性，保证问卷信息填写的真实性。其中共分为两个阶段：第一阶段是由研究者本人直接发放 80 份小样本问卷，通过亲自走访、邮寄、参加学术论坛等形式，向有合作关系的机构直接发放和收集问卷，进行预测试，回收有效问卷 60 份，将受访者特征控制在一定范围内，具有较高的信息质量以及可信度；完善问卷内容后，第二阶段发放 450 份大样本问卷。其中向原黑龙江省林业厅和黑龙江省林业科学院等相关机构发放问卷 100 份，回收有效问卷 88 份。信息真实度高，回收率较高。其次通过向哈尔滨工程大学、东北林业大学等高校专家及开设课程人员渠道共发放问卷 150 份，回收有效问卷 119 份。受访者都具有一定相关专业知识，行业针对性强，样本质量好。最后也通过"态度 8 调查网"等网络工具发放问卷，考虑到无法控制受访者相关任职信息，受访者相关领域分散，按照所处领域和职位信息筛选量较大，共发放问卷 200 份，回收有效问卷 183 份。

最终面向高校、政府、企业和研究机构等相关林业领域共发放问卷 530 份，回收 472 份。删除无效问卷（缺失值较多、有明显规律的、受访者集中填写、组内差异很大的问卷），最后剩余 450 份有效问卷，有效回收率为 84.90%。具体见表 4 - 3。

表 4 - 3　问卷发放和回收情况统计（$n = 450$）

Tab. 4 - 3　Statistical questionnaire distribution and recovery situation（$n = 450$）

方式	发放问卷数量	有效问卷数量	有效问卷率
小样本预测	80	60	75.00%
林业相关机构	100	88	88.00%
高校相关课程	150	119	79.30%
网络调查	200	183	91.50%
合计	530	450	84.90%

表4-4为有效样本的被调查者基本特征的分布情况统计。可以看出，在被调查者中男性人数（53.11%）略高于女性人数（46.89%），说明被调查对象选择情况较好；年龄主要集中在35~45周岁（42.89%），单位为林业相关企业、林业政府部门和高校科研院所人数占较大比例（62.89%），从事林业产业相关工作、管理或者研究的时间的样本数也多集中在1年以上（56%），可发现被调查者具有参与林业产业工作的经验，能够客观认识林业产业情况；此外，讲师、助理研究员、基层管理者占19.78%，副教授、副研究员、中层管理者占20.89%，教授、研究员、高层管理者占10.44%，企业基层员工和其他占48.89%，同时企业基层员工是实际参与工作的操作者，对企业发展情况较了解；从学历上看，主要集中在本科及以上（73.11%），说明问卷的有效性较高。

表4-4 被调查者基本特征统计（$n = 450$）

Tab. 4-4 The statistics of basic characteristics of respondents（$n = 450$）

项目	类别	数量	百分比
性别	男	239	53.11%
	女	211	46.89%
年龄	35周岁以下	105	23.33%
	35~45周岁	193	42.89%
	45~55周岁	108	24.00%
	55周岁以上	44	9.78%
单位	林业产业相关企业	125	27.78%
	林业政府部门	60	13.33%
	高校或者科研院所	98	21.78%
	其他	167	37.11%
从事林业产业相关工作、管理或者研究的时间	1年及以下	198	44.00%
	1~3年	72	16.00%
	3~5年	60	13.33%
	5年以上	120	26.67%

项目	类别	数量	百分比
职称	讲师（助理研究员、基层管理者）	89	19.78%
	副教授（副研究员、中层管理者）	94	20.89%
	教授（研究员、高层管理者）	47	10.44%
	企业基层员工和其他	220	48.89%
学历	高中及以下	35	7.78%
	专科	86	19.11%
	本科	261	58.00%
	硕士	56	12.44%
	博士	12	2.67%

三、数据分析和检验

（一）描述性统计分析

为从整体上发现每一个变量测量数据的内在规律，需要对所获得的数据进行描述性统计。应用 SPSS19.0 软件计算出所涉及的 24 个变量的测量数据的平均值和标准差，结果见表 4-5。所有变量的测量数值的平均值为 3.917~5.094，标准差为 0.979~1.909，表明获得的数据呈现出的离散状态较好，适合进行进一步的研究。

表 4-5 研究变量测量数据的描述性统计

Tab. 4-5 Descriptive statistics of research variables measurement data

变量	编号	平均值	标准差
政府支撑	V1	4.870	1.313
	V2	4.870	1.313
	V3	4.953	1.343
	V4	5.040	1.029
	V5	4.083	1.873
产业组织结构	V6	4.793	1.186
	V7	4.836	1.148
	V8	4.779	1.207

变量	编号	平均值	标准差
科技创新	V9	4.904	1.143
	V10	4.848	1.260
	V11	4.951	1.212
	V12	4.996	1.233
	V13	3.917	1.909
资源禀赋	V14	5.091	1.171
	V15	5.044	0.979
	V16	4.884	1.166
	V17	4.964	1.152
市场条件	V18	4.787	1.134
	V19	4.745	1.209
	V20	4.785	1.246
竞争力水平	V21	4.706	1.212
	V22	4.744	1.239
	V23	5.094	1.218
	V24	4.918	1.173

（二）小样本信度和探索性因子分析

首先，采用探索性因子分析对小样本预测试问卷进行分析，从一开始设定的 24 个变量中提取少数具有一般因素特征的变量。进行小样本预测试后，对问卷内容和题项进行改进，在此基础上，采用验证性因子分析对大样本数据进行分析。进行探索性因子分析的小样本数据和验证性因子分析的大样本数据是相互独立、不重复的。

表 4 – 6　小样本信度和效度分析结果（$n = 60$）

Tab. 4 – 6　The reliability and validity analysis results of small sample（$n = 60$）

变量	题项	α^*	题项删除后的 α	KMO** （%）	因子载荷	解释方差（%）	问项相关系数
政府支撑	V1	0.6910	0.5840	65.800	0.6100	44.913	0.011 ~ 0.499
	V2		0.6110		0.6210		
	V3		0.6220		0.6270		
	V4		0.7270		0.8380		
	V5		0.6220		0.7530		
产业组织结构	V6	0.7920	0.7780	67.300	0.6450	70.957	0.459 ~ 0.640
	V7		0.7410		0.6910		
	V8		0.6280		0.7930		
科技创新	V9	0.7130	0.6790	72.100	0.5120	48.532	0.07 ~ 0.654
	V10		0.6520		0.5270		
	V11		0.5860		0.6950		
	V12		0.5590		0.7720		
	V13		0.7750		0.9540		
资源禀赋	V14	0.8160	0.7730	71.400	0.6350	64.493	0.421 ~ 0.573
	V15		0.7650		0.6550		
	V16		0.7670		0.6510		
	V17		0.7710		0.6370		
市场条件	V18	0.7550	0.7060	68.600	0.6380	67.193	0.455 ~ 0.546
	V19		0.6250		0.7170		
	V20		0.6850		0.6610		
竞争力水平	V21	0.8090	0.8040	75.600	0.5210	63.800	0.389 ~ 0.608
	V22		0.7230		0.7250		
	V23		0.7500		0.6670		
	V24		0.7600		0.6390		

　*：α 为内部一致性系数；

　**：KMO 为检验统计量，全称为 Kaiser – Meyer – Olkin。

　　信度检验，是对所使用的量表的可信程度的检验。信度是指测量结果的一致性或稳定性[152]。通常用信度系数来检验量表的信度水平[153]。大多数学者采用内部一致性系数 Cronbach's α 来测量量表信度，Cronbach's α 系数的临界值是 0.7，当 Cronbach's α 值大于 0.7 时，该题项可以被接受。本文采用 SPSS19.0 软件中度量模块的可靠性分析量表的信度进行检验，同时利用 Cronbach's α 系数法判断问卷题项的信度。当某个题项被删除后，Cronbach's α 系数变大，则说明此题项应该被删除，否则此题项应该保留。基于此，本文各量表的信度检验具体结果见表 4 - 6。从表 4 - 6 中可以看出所有要素指标的 Cronbach's α 值均大于 0.7（政府支撑 Cronbach's α 值为 0.6910，接近 0.7，且删掉 V4 题项后 Cronbach's α 值为 0.7270），这也就说明样本数据的各变量的计量比较可靠，能满足本文的需求。而题项 V4、V13 的"题项已删除的 Cronbach's α 值"均大于"Cronbach's α 值"，所以考虑将其删除，那么删除后的林业产业区域竞争力影响要素量表剩余 22 个题项。

效度检验是对所使用的量表能够有效测出所研究变量的程度高低的检验，效度通常包括内容效度、校标关联度和建构效度三种，其中，建构效度又可以进一步分为收敛效度和区分效度两种[154]。在实际的证实研究过程中，学者们对内容效度和构建效度分析得较多。因此，本文主要对量表的内容效度、收敛效度和区分效度三个方面进行检验。首先对于量表的内容效度，本文所选择的测量项目大部分来自已有的文献资料，经过学者们的实证考察，其合理性、科学性较有保障，因此，可以认为本文的构造变量有较好的内容效度。此外，从调研访谈的反馈情况也可以看出显示的专家学者和政府以及企业工作人员也认可这些变量的量表问项，因此，本文所涉及的变量量表具有较高的内容效度。其次，对于量表的收敛效度，采用探索性因子计算 KMO（Kaiser - Meyer - Olkin）值。Bartlett's 球度检验显著性、各变量的因子载荷值以及公因子的累计解释方差变异百分比的测量中：要求 KMO 值至少在 0.6 以上且 Bartlett's 球度检验具有显著性，否则将不能进行因子分析；各变量的因子载荷值要大于 0.5，公因子的累计解释方差变异百分比要达到 30%，否则将不被认为是有效的[155]。最后，对于量表的区分效度，通过分测量问项间的相关系数进行评定，要求对应的各测量问项间的相关系数具有显著性，同时，各测量问项间的相关系数的置信区间均不能含有数值 1（置信区间等于相关系数 ±2 倍的标准性误差），否则也将不被认为是有效的。基于此，本文各量表的区分效度具体结果见表 4 – 7。通过表 4 – 7 可以看出，各变量的 KMO 值均超过 0.658 且在概率小于 0.001 的条件下 Bartlett's 球度检验具有显著性；各变量的测量指标的因子载荷值均超过 0.512，公因子的累计解释方差变异百分比均大于 44.913%，因此，本文的研究量表的收敛效度得到了验证。各测量问项间的相关系数在其相应的概率（$p < 0.01$ 或 $p < 0.05$）下均达到了显著性水平，且相关系数的置信区间均不包含数值 1，因此，本文的研究量表通过了区分效度检验。

小样本数据进行信度、效度检验后，新的林业产业区域竞争力影响形成机理要素量表见表 4 – 7。

表 4 – 7　新的林业产业区域竞争力影响形成机理要素量表

Tab. 4 – 7　The scale factors of new forestry industry regional competitiveness influence formation mechanism

变量	编号	题项
政府支撑	V1	政府制定的政策和行政规划对林业产业发展的影响
	V2	政府对林业产业发展进行的投资
	V3	政府对林业产业发展过程中的监督监测
	V4	政府在林业产业有序发展中的服务效率
产业组织结构	V5	林业产业产值规模大小对林业产业区域竞争力的重要性
	V6	林业产业发展过程中企业空间聚集程度对产业竞争力的重要性
	V7	林业产业内部结构（林业三个子产业比重）对竞争力的重要性
科技创新	V8	林业产业先进核心技术和创新成果的多少
	V9	林业产业自主知识产权及专利获得的重要性
	V10	林业产业高水平科研团队及领军人才数量对产业竞争力的重要性
	V11	林业产业技术研发经费投入的重要性

变量	编号	题项
资源禀赋	V12	林业产业土地、森林以及生态保护区等基础自然资源
	V13	林业产业的经济（资金、信贷）资源
	V14	林业产业发展需要所拥有的装备、器材
	V15	林业产业的交通、物流支撑条件
市场条件	V16	林业产品消费需求在社会总需求中所占份额
	V17	林业产业生产要素的市场化程度以及林产品有效配置
	V18	林业产业国际市场的机会和潜力
林业产业区域竞争力	V19	林业产业销售增长率
	V20	林业产业的市场占有率
	V21	林业产业生态环保的可持续发展水平
	V22	林业产业发展过程中能够产出的新技术（核心技术）、新产品

（三）大样本信度和验证性因子分析

检验大样本数据信度依然采用 Cronbach's α 系数，检验大样本的效度采用验证性因子分析，以检验大样本数据的信度、效度水平和小样本数据的信度、效度水平是否相同，模型拟合度是否具有适配性，减去 60 份小样本数据，用剩余 392 份进行验证性因子分析，问卷题项在小样本预测试之后略有变动。

1. 政府支撑

首先，对"政府支撑"构念下面的四个项进行整体效度、信度分析，得出 Cronbach's α 系数为 0.802，表明构念层面效度甚佳。然后对"政府支撑"下面的四个维度"政府制定的政策和行政规划对林业产业发展的影响""政府对林业产业发展进行的投资""政府对林业产业发展过程中的监督监测""政府对林业产业发展过程中的协调管理"变量构成的题项删除该题项后的 Cronbach's α 系数均小于整体的 Cronbach's α 系数，表明政府支撑通过信度检验，见表 4 – 8。

表 4 - 8　政府支撑的信度检验（$n = 390$）

Tab. 4 - 8　The reliability test of government（$n = 390$）

变量	题项	α	题项删除后的 α
政府支撑	V1	0.802	0.735
	V2		0.766
	V3		0.753
	V4		0.756

在信度检验的基础上，对政府支撑进行验证性因子分析。从表 4 - 9 中可以看出，四个维度的模型 x^2/df 的值为 1.552 小于 3，RM-SEA 为 0.038 小于 0.08，GFI、NFI、TLI、IFI 和 CFI 均大于 0.9，说明该四个维度构成的模型收敛。

表 4 - 9　政府支撑的效度检验（$n = 390$）

Tab. 4 - 9　The validity check of government supportion（$n = 390$）

指标 变量	x^2/df	RMSEA	GFI	NFI	TLI	IFI	CFI
政府支撑	1.552	0.038	0.996	0.993	0.993	0.998	0.998
指标评价标准值	<3	<0.08	>0.9	>0.9	>0.9	>0.9	>0.9

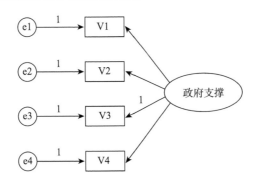

图 4 - 6　政府支撑的验证性因子模型

Fig. 4 - 6　The confirmatory factor model of government support

2. 产业组织结构

首先，对"产业组织结构"构念下面的三个项进行整体效度、信度分析，得出 Cronbach's α 系数为 0.783，表明构念层面效度甚佳。然后对"产业组织结构"下面的三个维度"林业产业产值规模大小对林业产业区域竞争力的重要性""林业产业发展过程中企业空间聚集程度对产业竞争力的重要性""林业产业内部结构（林业三个子产业比重）合理程度对竞争力的重要性"变量构成的题项删除该题项后的 Cronbach's α 系数均小于整体的 Cronbach's α 系数，表明产业组织结构通过信度检验，见表 4 – 10。

表 4 – 10　产业组织结构信度检验（$n = 390$）

Tab. 4 – 10　The reliability test of the structure of industrial organization（$n = 390$）

产业组织结构	V5	0.783	0.714
	V6		0.742
	V7		0.660

在信度检验的基础上，对产业组织结构进行验证性因子分析。从表 4 – 11 中可以看出，三个维度的模型 x^2/df 的值为 0.005 小于 3，RMSEA 为 0.034 小于 0.08，GFI、NFI、TLI、IFI 和 CFI 均大于 0.9，说明该三个维度构成的模型收敛。

表 4 – 11　产业组织结构效度检验（$n = 390$）

Tab. 4 – 11　The validity check of the structure of industrial organization（$n = 390$）

指标 变量	x^2/df	RMSEA	GFI	NFI	TLI	IFI	CFI
产业组织结构	0.005	0.034	1.000	1.000	0.998	0.999	1.000
指标评价标准值	<3	<0.08	>0.9	>0.9	>0.9	>0.9	>0.9

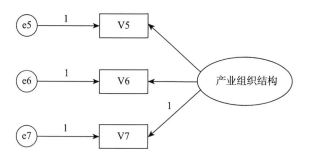

图 4 – 7　产业组织结构的验证性因子模型

Fig. 4 – 7　The confirmatory factor model of the

structure of industrial organization

3. 科技创新

首先，对"科技创新"构念下面的四个项进行整体效度、信度分析，得出 Cronbach's α 系数为 0.819，表明构念层面效度甚佳。然后对"科技创新"下面的四个维度"林业产业先进核心技术和创新成果的多少""林业产业自主知识产权及专利获得的重要性""林业产业高水平科研团队以及领军人才在产业内的比重对产业竞争力的重要性""林业产业技术研发经费投入的重要性"变量构成的题项删除该题项后的 Cronbach's α 系数均小于整体的 Cronbach's α 系数，表明科技创新通过信度检验，见表 4 – 12。

表 4 – 12　科技创新信度检验（$n = 390$）

Tab. 4 – 12　The reliability test of science and innovation（$n = 390$）

	V8		0.791
科技创新	V9	0.819	0.777
	V10		0.752
	V11		0.770

在信度检验的基础上，对科技创新进行验证性因子分析。从表 4 – 13 中可以看出，四个维度的模型 x^2/df 的值 0.097 小于 3，RMSEA 为 0.001 小于 0.05，GFI、NFI、TLI、IFI 和 CFI 均大于 0.9，说明该三个维度构成的模型收敛。

表 4 – 13　科技创新效度检验（$n = 390$）

Tab. 4 – 13　The validity check of science and innovation（$n = 390$）

指标\变量	x^2/df	RMSEA	GFI	NFI	TLI	IFI	CFI
科技创新	0.097	0.001	1.000	0.999	0.998	1.006	1.000
指标评价标准值	<3	<0.05	>0.9	>0.9	>0.9	>0.9	>0.9

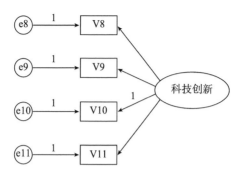

图 4 - 8   科技创新的验证性因子模型

Fig. 4 - 8   The confirmatory factor model of science and innovation

4. 资源禀赋

首先，对"资源禀赋"构念下面的四个项进行整体效度、信度分析，得出 Cronbach's α 系数为 0.788，表明构念层面效度甚佳。然后对"资源条件"下面的四个维度"林业产业土地、森林以及生态保护区等基础自然资源""林业产业的经济（资金、信贷）资源""林业产业发展需要的装备、器材""林业产业的交通、物流支撑条件"变量构成的题项删除该题项后的 Cronbach's α 系数均小于整体的 Cronbach's α 系数，表明资源条件通过信度检验，见表 4 - 14。

表 4 - 14   资源禀赋信度检验（$n = 390$）

Tab. 4 - 14   The reliability test of resources endowment（$n = 390$）

资源禀赋	V12	0.788	0.737
	V13		0.733
	V14		0.742
	V15		0.732

在信度检验的基础上，对资源条件进行验证性因子分析。从表 4 - 15 中可以看出，四个维度的模型 x^2/df 的值为 1.102 小于 3，RMSEA 为 0.013 小于 0.05，GFI、NFI、TLI、IFI 和 CFI 均大于 0.9，说明该四个维度构成的模型收敛。

表4-15 资源条件效度检验 (n=390)

Tab. 4-15 The validity check of resources conditions (n=390)

指标 变量	x^2/df	RMSEA	GFI	NFI	TLI	IFI	CFI
资源条件	1.102	0.013	0.998	0.998	0.999	1.000	1.000
指标评价标准值	<3	<0.05	>0.9	>0.9	>0.9	>0.9	>0.9

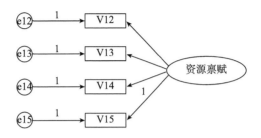

图4-9 资源禀赋的验证性因子模型

Fig. 4-9 The confirmatory factor model of resources endowment

5. 市场条件

首先，对"市场条件"构念下面的三个项进行整体效度、信度分析，得出 Cronbach's α 系数为0.753，表明构念层面效度甚佳。然后对"市场条件"下面的三个维度"林业产品消费需求在社会总需求中所占份额""林业产业生产要素的市场化程度以及林产品有效配置""林业产业国际市场的机会和潜力"变量构成的题项删除该题项后的 Cronbach's α 系数均小于整体的 Cronbach's α 系数，表明市场条件通过信度检验，见表4-16。

表4-16 市场条件信度检验 (n=390)

Tab. 4-16 The reliability test of competitive level (n=390)

市场条件	V16		0.655
	V17	0.753	0.699
	V18		0.655

在信度检验的基础上，对市场条件进行验证性因子分析。从表4-17中可以看出，三个维度的模型 x^2/df 的值为2.630小于3，RM-SEA 为0.06小于0.08，GFI、NFI、TLI、IFI 和 CFI 均大于0.9，说明该三个维度构成的模型收敛。

表4-17　市场条件效度检验（$n = 390$）

Tab. 4 - 17　The validity check of market conditions（$n = 390$）

指标 变量	x^2/df	RMSEA	GFI	NFI	TLI	IFI	CFI
市场条件	2.630	0.06	0.920	0.961	0.917	0.943	0.962
指标评价标准值	<3	<0.08	>0.9	>0.9	>0.9	>0.9	>0.9

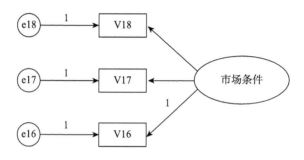

图4-10　市场条件的验证性因子模型

Fig. 4 - 10　The confirmatory factor model of market conditions

6. 竞争力水平

首先，对"竞争力水平"构念下面的四个项进行整体效度、信度分析，得出 Cronbach's α 系数为0.778，表明构念层面效度甚佳。然后对"竞争力水平"下面的四个维度"林业产业销售增长率""林业产业的市场占有率""林业产业生态环保的可持续发展水平""林业产业发展过程中能够产出的新技术（核心技术）、新产品"变量构成的题项删除该题项后的 Cronbach's α 系数均小于整体的 Cronbach's α 系数，表明竞争力水平通过信度检验，见表4-18。

表 4 – 18　竞争力水平信度检验（ *n* = 390 ）

Tab. 4 – 18　The reliability test of competitive level（ *n* = 390 ）

	V19		0. 75
竞争力水平	V20	0. 778	0. 69
	V21		0. 734
	V22		0. 721

在信度检验的基础上，对竞争力水平进行验证性因子分析。从表 4 – 19 中可以看出，四个维度的模型 x^2/df 的值为 0. 005 小于 3，RM-SEA 为 0 小于 0. 08，GFI、NFI、TLI、IFI 和 CFI 均大于 0. 9，说明该四个维度构成的模型收敛。

表 4 – 19　竞争力水平效度检验（ *n* = 390 ）

Tab. 4 – 19　The validity check of competitive level（ *n* = 390 ）

指标／变量	x^2/df	RMSEA	GFI	NFI	TLI	IFI	CFI
竞争力水平	0. 005	0	1	1	1. 015	1. 002	1
指标评价标准值	< 3	< 0. 08	> 0. 9	> 0. 9	> 0. 9	> 0. 9	> 0. 9

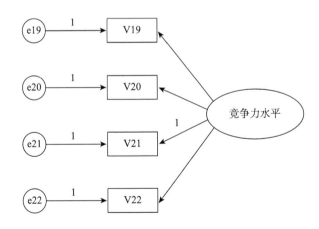

图 4 – 11　竞争力水平的验证性因子模型

Fig. 4 – 11　The confirmatory factor model of competitive level

（四）模型假设检验

以上信度、效度结果为结构方程模型构建奠定了基础。本文使用 Amos 20.0 软件进行林业产业区域竞争力影响形成机理结构模型相关假设分析，结果如图 4 – 12 和表 4 – 20、表 4 – 21 所示。政府支撑对资源禀赋具有显著的正向作用（系数 0.476，$p < 0.01$），通过正向影响资源禀赋对林业产业区域竞争力具有间接驱动作用（0.112 = 0.476 * 0.236），假设 1 得到验证；政府支撑对市场条件具有显著的正向作用（系数 0.133，$p < 0.05$），通过正向影响市场条件对林业产业区域竞争力具有间接驱动作用（0.021 = 0.133 * 0.147），假设 2 得到验证；产业组织结构对资源禀赋具有显著的正向作用（系数 0.460，$p < 0.01$），通过正向影响资源禀赋对林业产业区域竞争力具有间接驱动作用（0.109 = 0.460 * 0.236），假设 3 得到验证；产业组织结构对市场条件具有显著的正向作用（系数 0.207，$p < 0.05$），通过正向影响

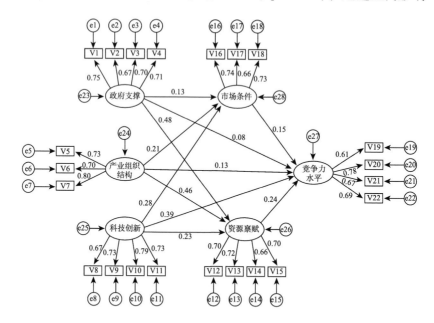

图 4 – 12　林业产业区域竞争力影响形成机理模型检验

Fig. 4 – 12　Checking of the forestry industry regional competitiveness formation mechanism model

市场条件对林业产业区域竞争力具有间接驱动作用（0.030 = 0.207 *
0.147），假设 4 得到验证；科技创新对资源禀赋具有显著的正向作用
（系数 0.232，$p < 0.01$），通过正向影响资源禀赋对林业产业区域竞争
力具有间接驱动作用（0.55 = 0.232 * 0.236），假设 5 得到验证；科
技创新对市场条件具有显著的正向作用（系数 0.284，$p < 0.01$），通
过正向影响市场条件对林业产业区域竞争力具有间接驱动作用
（0.042 = 0.284 * 0.147），假设 6 得到验证；科技创新对林业产业区
域竞争力具有直接的正向作用（系数 0.385，$p < 0.01$），假设 9 得到
验证，同时基于前六个假设，假设 10 林业资源禀赋对林业产业区域
竞争力具有正向影响、假设 11 市场条件对林业产业区域竞争力具有
正向影响均得到验证；而假设 7 政府支撑对林业产业区域竞争力具有
正向影响、假设 8 林业产业组织结构对林业产业区域竞争力具有正向
影响没有通过显著性检验，即假设不成立。

表 4 - 20　结构模型分析结果

Tab. 4 - 20　Structural model analysis results

研究路径	系数	标准误差	C. R.	P
政府支撑→市场条件	0.133	0.060	2.141	0.032 * *
产业组织结构→市场条件	0.207	0.058	3.260	0.001 * *
科技创新→市场条件	0.284	0.065	4.404	* * *
政府支撑→资源禀赋	0.476	0.055	7.553	* * *
产业组织结构→资源禀赋	0.460	0.051	7.373	* * *
科技创新→资源禀赋	0.232	0.049	4.242	* * *
科技创新→竞争力水平	0.385	0.068	5.763	* * *
产业组织结构→竞争力水平	0.128	0.070	1.713	0.087
政府支撑→竞争力水平	0.077	0.072	1.039	0.299
市场条件→竞争力水平	0.147	0.064	2.324	0.020 * *
资源禀赋→竞争力水平	0.236	0.104	2.555	0.011 * *

从表 4 - 21 中模型的拟合参数可以看出，x^2/df 值小于 3，RM-
SEA 值小于 0.05，GFI、NFI、TLI、IFI、CFI 均大于 0.90，达到理想
水平，表明整个模型的适配度较好。

表 4 – 21　结构模型分析的适配度

Tab. 4 – 21　The adaptation degree structure model analysis

指标	x^2/df	RMSEA	GFI	NFI	TLI	IFI	CFI
得分	1.059	0.012	0.954	0.929	0.995	0.996	0.996
指标评价标准值	<3	<0.05	>0.9	>0.9	>0.9	>0.9	>0.9

四、林业产业区域竞争力影响形成机理实证结果解释

1. 政府支撑与林业产业区域竞争力的提升

政府支撑包括政府制定的政策和行政规划对林业产业发展的影响，政府对林业产业发展进行的投资，政府对林业产业发展过程中的监督监测，政府对林业产业发展过程中的协调管理四个维度。根据结构方程模型分析结果，政府支撑对林业产业区域竞争力的影响假设不成立，但是政府支撑通过资源禀赋和市场条件对林业产业区域竞争力的正向驱动作用成立，说明政府支撑不直接作用于林业产业区域竞争力，而通过资源禀赋和市场条件间接作用于林业产业区域竞争力。政府支撑主要包括资金支持和政策支持，资金支持主要通过政府对林业产业企业的投资来实现。通过政府对林业产业企业在基础设施建设、新产品开发、市场开拓以及企业发展等方面的不断投入，林业产业的基础条件将会不断完善，森林资源不断丰富，林业产业的资源禀赋不断加强；不断开发出具有竞争优势的新产品，市场占有率不断提高，从而林业产业的市场条件将不断优化。通过政府对林业在开发资源、林产品运输、税收、国家发展战略等方面的支持，林业产业将在资源开发方面得到更多的支持、林产品的运输等成本降低、林业产业企业税收压力降低，进而林业产业资源条件将得到不断完善，而国家发展战略侧重于林业，林业就会得到更多的支持。不断完善资源条件，林业产业就有更大的发展前景和可持续发展能力，市场条件不断优化，林业产业就可以在市场上获得更多的资本和更大的市场占有率，进而提升林业产业整体竞争力。因此，政府支撑通过资源禀赋和市场条件能够显著地间接影响林业产业区域竞争力。

2. 产业组织结构与林业产业区域竞争力的提升

产业组织结构包括林业产业产值规模大小、林业产业发展过程中企业空间聚集程度、林业产业内部结构（林业三个子产业比重）三个维度，根据结构方程的分析结果显示，产业组织结构对林业产业区域竞争力的直接影响不成立，但是产业组织结构通过资源禀赋和市场条件对林业产业区域竞争力的正向驱动作用成立。说明产业组织结构不直接影响林业产业区域竞争力，而是通过资源禀赋和市场条件两个桥梁，间接影响林业产业区域竞争力。林业产业区域竞争力不仅取决于林业产业某个企业竞争力的提升，还取决于林业产业整个行业竞争力的整体提升，而提升林业产业整体的竞争力就需要不断地优化林业产业的组织结构。资源利用的最大化，将有效地提高林业产业资源的利用率，从而有效地降低企业生产成本，提高林业产业可持续发展能力，进而提升林业产业资源禀赋能力；而随着林业产业组织绩效的提高，林业产业内部效率将得到提高，产品供应周期将缩短，产品生命周期将延长，进而林业产业在市场竞争力方面具有成本优势、供货及时优势等，林业产业将有更好的市场条件。资源禀赋的不断提升，使林业产业基础条件不断完善，林业产业有了更好的发展基础，进而为林业产业的整体竞争力奠定了基础；而市场条件不断完善，使林业产业能够在市场竞争力中获取更多的资本和更忠实的消费者，进而林业产业在市场发展中就有了更多更好的基础，更有利于林业产业整体竞争力的提升。因此，产业组织结构通过资源禀赋和市场条件能够显著地间接影响林业产业区域竞争力。

3. 科技创新与林业产业区域竞争力的提升

科技创新包括林业产业先进核心技术和创新成果的多少、林业产业自主知识产权及专利获得、林业产业高水平科研团队以及领军人才数量和林业产业技术研发经费投入四个维度，实证结果表明，科技创新对林业产业区域竞争力具有显著的正向作用，分别通过资源禀赋和市场条件对林业产业区域竞争力产生间接正向驱动作用。科技创新不仅包括新产品的研发，也包括管理方法和管理制度、生产工艺流程和原材料利用效率等方面的创新。科技创新促进了组织结构的优化、管理制度的改善以及新产品的不断产出，推动了林业产业在内部环境和外部环境上的改善，进而提升了林业产业整体的竞争力；林业产业通过对新产品的研发，使林产品在市场上具有更强的竞争力，有更多的附加值，从而获取更多的市场利润和市场占有率，进而林业产业就会获得更多的市场基础；而在生产工艺流程和原材料利用效率等方面的创新可以有效地促进资源的循环利用和可持续发展能力的提升，同时提高资源的利用效率和生产效率，而随着这些方面的不断提升，林业产业的资源禀赋能力也将不断提升。林业产业市场基础条件的不断完善，使林业产业可以在市场中获取更大的市场占有率，开发市场潜能；林业产业资源禀赋的不断提升，使林业产业的基础资源条件不断完善，林业产业的可持续发展能力和发展潜力不断提升；在市场条件和资源禀赋的不断推动下，林业产业整体竞争力得到很大的提升。因此，科技创新通过资源禀赋和市场条件能够显著地间接影响林业产业区域竞争力。

4. 资源禀赋与林业产业区域竞争力的提升

资源禀赋包括林业产业土地、森林以及生态保护区等基础自然资源、林业产业经济（资金、信贷）资源、林业产业发展需要所拥有的装备、器材和林业产业的交通、物流支撑条件四个维度。根据结构方程模型验证结果，资源禀赋对林业产业区域竞争力具有显著的正向驱动作用。根据赫克歇尔提出的要素禀赋理论，以及其学生瑞典经济学家俄林（B. Ohlin, 1933）H－O模型，林业产业需要投入自然资源、人力资源、资本和生产技术等多种生产要素，鉴于人力资源和资本存在较强的流动性，因此，人力资源和资本两种生产要素的差异性对我国林业产业区域竞争力的影响作用较其他要素较低，而自然资源中的土地、森林、原材料资源等具有很强的依赖性，所以原材料资源的区域差异对我国各地区的林业产业区域竞争力的影响非常明显[156]。随着我国政府主导因素弱化和市场机制的完善，在开放市场经济条件下，自然资源禀赋导致我国不同区域内原料数量与价格的差异，原料充裕以及相对应的资源价格低的区域能够利用此优势来制造大批量且成本较低的林业产品及衍生品，进而在市场竞争中取得竞争优势，具备较强的竞争力。因此，资源禀赋对我国林业产业区域竞争力的发展具有显著的正向驱动影响。

5. 市场条件与林业产业区域竞争力的提升

市场条件包括林业产品消费需求在社会总需求中所占份额、林业产业生产要素的市场化程度以及林产品有效配置、林业产业国际市场的机会和潜力三个维度。根据结构方程模型验证结果，市场条件对林业产业区域竞争力具有显著的正向驱动作用。林业产品消费需求在社会总需求中所占份额越大，说明我国对林业产品的消费需求越旺盛，根据产销关系市场规律，哪里有消费者哪里就有市场，这是林业产业扩张发展的前提条件。林业产业市场化有利于林业产业有效地进行资源配置，促进林业产业各企业的总体竞争力的提高。国际市场的机会和潜力可以弥补本地需求的不足，在当今全球经济一体化的国家背景下，国际市场对产业的影响变得尤为重要[83]。市场条件是我国林业产业区域竞争力发展的重要前提条件，良好的市场条件可以使我国林业产业按照市场需求进行资源调配，保障林业产业良好发展的可持续能力，同时也为我国林业产业提供更加广阔的发展空间，因此，市场条件对我国林业产业区域竞争力的发展具有显著的正向驱动影响。

第五节　本章小结

从主体影响因素和客体影响因素对我国林业产业区域竞争力的影响因素进行分析，构建了林业产业影响形成机理的概念模型，提出了林业产业各影响因素对林业产业区域竞争力影响关系的研究理论假设，设计研究量表和调查问卷。通过多个渠道发放调查问卷，运用结构方程计量模型进行量表信度和效度检验，对提出的理论假设进行验证，揭示了影响因素对林业产业区域竞争力影响形成机理，为后续指标体系构建和林业产业实证模型的研究设计奠定了基础。

第五章　林业产业区域竞争力评价指标体系构建

建立符合林业产业特征的竞争力评价指标体系，需要对林业产业的竞争力进行有目的的分解和度量，这也是增加产业竞争力的有效路径。本文在参考相关研究结果的基础上，通过构建林业产业区域竞争力的指标系统，运用 GEM 对指标体系进行优选和重要性识别，并运用皮尔森相关性检验法筛选不符合统计学要求的指标，最终建立林业产业的竞争力评价指标体系。

第一节　林业产业区域竞争力评价指标体系设计

一、林业产业区域竞争力评价指标体系设计原则

1. 科学性的原则

科学性是指标体系建设的首要原则，它代表在建立指标体系的过程中尊重客观的事实和规律，能够按照学术界的基本要求进行科研分析。将形成的体系进行科学的阐述和介绍，确保评价体系能够反映真实情况。

2. 可操作性原则

可操作性要求数据获取要具有可能性，本文在数据获取方面有两个渠道：一是按照目前国家和地方公布的统计数据；二是通过形成调研小组实地获取数据。在文章撰写之前，就已经对数据搜集过程有了完整的思路，两者都具有充分的可行性和可操作性。

3. 目的性原则

在产业竞争力模型中，指标的设计需要时刻考虑目的性原则，也就是时刻以竞争力评价为最终方向，在指标选择过程中，不能偏离这一根本方向。

4. 因果性原则

进行竞争力的评价是研究区域产业竞争力的目的，在此过程中，与这一目的有关的指标必须符合因果性的标准，也就是说，两者必须具有实实在在的影响关系，而非数据上的简单相关关系。

5. 系统性原则

系统性原则要求指标能够以总体的状态进行竞争力评价，而非只是孤立片面地进行局部分析。系统性原则要求我们在设定指标时，在整体指标设立的大方向上有布局、有分析。

二、林业产业区域竞争力评价指标体系设计框架

我国林业产业区域竞争力是多层次复杂的动态系统，只有设计全面、系统的评价指标体系，才能准确实际地反映出林业产业区域竞争力水平。基于第四章构建的林业产业区域竞争力理论模型可知，我国林业产业区域竞争力主要由四个方面构成：产业环境竞争力、基础竞争力、核心竞争力和外显竞争力。以此为基础，本章按照四个方面的层级结构、作用建立我国林业产业区域竞争力评价指标体系的基本框架。

1. 总目标层

综合我国林业产业总体概况，确定我国林业产业区域竞争力的总体指标，分析和评价我国林业产业区域竞争力总体水平。

2. 分目标层

根据构建的林业产业区域竞争力理论模型，将我国林业产业区域竞争力的评价目标分为我国林业产业外显竞争力、核心竞争力、基础竞争力和产业环境四个分目标层。

3. 准则层

准则层主要用于我国林业产业区域竞争力水平的初步评价过程，

根据评价对象可将分目标层进一步分解。以我国林业产业区域竞争力的显性要素为例，可以分解为林业产业实力和林业产业盈利能力等部分。

4. 指标层

指标层必须具有可比性和可获得性的特点，此外指标或者指标组判断该指标所指代的状态时，需要能够有效地表现其数量和强度上的特征。

三、林业产业区域竞争力评价初选指标体系构建

基于文章的理论基础和指标的设计原则，本书在做指标设计时主要从以下几个角度考虑：

首先，定位目标层；主要目的在于确立的目标层结构能够合理地反映我国各省区林业产业的综合竞争力水平。

其次，本文通过确立三个层次的指标体系，并参照评价的总体目标，显性有序地反映体系中的各个省区的林业产业竞争力，此外还需要涵盖影响林业产业区域竞争力的分析性特征指标。因此，将第一层次的指标分解为外显竞争力和内在竞争力，外显竞争力也就是显性竞争力，主要包括林业产业的实力、林业产业的盈利能力等外在因素。内在竞争力主要用于解释竞争力的源泉问题，由我国各个省区的林业产业竞争力的组成要素构成，并依据上文中对我国各地区林业产业区域竞争力的构成要素的分析，明确了我国林业产业内在竞争力的基础竞争力分量、核心竞争力分量以及产业环境竞争力分量。基础竞争力可以分解为资源禀赋、基础设施建设和生态建设方面的竞争力，随着林业生态环境的重要性日益突出，对林业产业区域竞争力评价时必须要将生态环境因素考虑进去，所以有必要把林业生态建设情况作为一个指标分支；核心竞争力进一步分解为林业企业素质、产业结构和科技创新方面的竞争力，其中，设置对技术性因素的考量指标，主要表现在现有技术基础和技术开发能力两个方面，两方面水平的高低决定着产业发展的效率；产业环境竞争力体现了其在产业发展环境层面的竞争能力。

综上，本研究从林业产业区域竞争力的构建原则出发，同时考虑到林业产业的特性、所选取指标的可获得性和可测度性，综合借鉴江泽慧（2000）[157]、胡申（2012）[118]、李冉（2013）[119]和赵庆超（2014）[126]等人的相关研究成果，以及听取相关专家学者的建议，构建了我国林业产业区域竞争力的初选评价指标体系（见表5－1）。

表5－1 林业产业区域竞争力初选评价指标体系

Tab. 5－1 Primary forestry industry regional competitiveness index system

目标层	一级指标	二级指标	三级指标
林业产业区域竞争力初选指标体系	外显竞争力	林业产业实力	林业产业市场占有率（X1）
			产品销售收入（X2）
			资金利润率（X3）
		林业产业盈利能力	林业总产值（X4）
			林业总产值与地方经济总产值比重（X5）
			产值利税率（X6）
	核心竞争力	林业系统素质	劳动生产率（X7），即林业产业总产值除以林业从业人数
			林业从业人员比重（X8）
			林业系统在岗职工年平均工资（X9）
			林业系统从业人员年末人数（X10）
			资产总量占全国比重（X11）
		林业产业结构	林业第二产业产值所占比重（X12）
			林业第三产业产值所占比重（X13）
			林业三个子产业比值（X14）
		科技创新	技术市场成交额（X15）
			林业站数量（X16）
			教育经费投入（X17）
			林业高等学校普通本、专科学生毕业人数（X18）
	基础竞争力	基础设施建设	铁路网密度（X19）
			GDP占全国比重（X20）
			公路网密度（X21）
		资源禀赋	森林蓄积量（X22）
			森林面积（X23）
			林业用地面积（X24）

目标层	一级指标	二级指标	三级指标
林业产业竞争力初选指标体系	基础竞争力	资源禀赋	森林覆盖率（X25）
			活立木总蓄积量（X26）
		生态建设	各地区林业重点生态工程造林面积（X27）
			各地区林业系统自然保护区面积（X28）
			森林公园面积（X29）
	产业环境竞争力	制度环境	地方财政收入占 GDP 的比重（X30）
			人均财政支出（X31）
			林业国家投资（X32）
		金融资本	林业固定资产（X33）
			年度到位资金额（X34）
			林业实际利用外商投资（X35）
			营林固定资产（X36）

第二节　林业产业区域竞争力评价关键指标识别

一、群组决策特征根方法基本原理

群组决策特征根法（GEM）利用数学进行决策分析，主要依据专家经验和统计学方法，进行数据的处理，使专家的意见得到科学充分的反映[158]。

GEM 是 AHP（层次分析法）的延伸和扩展，AHP 由美国运筹学者 Saaty 等人于 20 世纪 70 年代提出，可用于解决定量分析与定性分析相结合的问题，并能够使所得的结果符合数据上的严苛要求。

邱苑华教授于 1996 年提出的群组决策特征根法较好地解决了层次分析法存在的上述问题，该方法相比于 T. L. Saaty 提出的层次分析法更加科学，各参评专家只需按习惯的方式打分即可获得群体对目标的最优排序结果，完善了群组专家决策系统对被评对象做评判决策的结果矩阵，避免了层次分析法的两两对比构造判断矩阵易于发生目标先后的不一致性问题，为决策支持系统的参评专家的选择开辟了新的思路[159]。

在很多决策方法中，不可避免地会遇到由多个专家组成的专家组进行决策评分的方法，那么这种决策方法需要有效地综合各个专家的意见。综合群组专家意见的方法最早是采用算术平均法，之后更改为去掉最高分和最低分后的算术平均法，这两种方法都认为专家是存在非差异性的，决策过程中每个专家的权重相同。而在实际运用中，由于每个专家学识不同、经验不同以及其他客观原因，使他们对某项目标做出的决策判断存在一定的重要性偏差，所以每个专家的权重应该是不同的，群组决策特征根法有效地解决了这个问题，群组决策特征根法是按照专家的各自权重加权综合得出评判结果。

1. 理想专家模型

群组决策特征根法的基本原理第一步就是寻找理想专家 S_i，理想专家为评分向量与各专家（S_1，S_2，$\cdots$，S_m）夹角之和最小的专家。由 m 个专家组成的群组决策系统 G，评价 n 个对象（A_1，A_2，$\cdots$，A_n），第 i 个专家 S_i 对第 j 个被评目标 A 的评分值记为 $x \in [I, J]$（$i=1, 2, \cdots, m; j=1, 2, \cdots, n$）。$x_{ij}$ 的值越大，则目标 A_j 越优。S_i 及其专家群组 G 的评分组成了一个 n 维列向量 x_i 和 $m \times n$ 阶的矩阵 x。

$$x_i = (x_{i1}, x_{i2}, \cdots, x_{in})^{\mathrm{T}} \in E^n$$

$$x = (x_{ij})_{m \times n} = \begin{pmatrix} x_{11} & \cdots & x_{1n} \\ \vdots & \vdots & \vdots \\ x_{m1} & \cdots & x_{nm} \end{pmatrix} \quad (5-1)$$

所选择专家决策组的专家们的决策水平既跟他们相关领域的经验、知识、专业水平相关，同时还跟他们的偏好和精神状态相关。所以在现实中，根本不存在理想的决策（理想决策即决策可靠性达到最大值1或者不可靠性达到最小值0）。为此，我们假设存在一个理想专家 S_*，这个理想专家掌握一定的指标数据，他的评分向量为 $x^* = (x_1^*, x_2^*, \cdots, x_n^*) \in E^n$。

定义：评分向量与群体中各专家评分向量夹角之和最小的专家，

称为该群体的理想专家或最优专家[160]。

根据定义可知 x^* 是一个向量，这个向量是满足函数 $f = \sum_{i=1}^{m} (b^T x_i)^2$ 的，其中 $\forall b = (b_1, b_2, \cdots, b_n) \in E_n$ ，并且为了不失一般性而设定 $\|b\| = 1$ ，即

$$\max_{\substack{b \in E_n \\ \|b\| = 1}} \sum_{i=1}^{m} (b^T X_i)^2 = \sum_{i=1}^{m} (X_*^T Y_*)^2 \qquad (5-2)$$

其中的 x^* 也可称为专家组 G 对被评对象的总评分向量。

2. 相关定理

引理：假如 n 阶实矩阵 $Q \geq 0$ 个不可约束矩阵，那么

（1）实矩阵 Q 拥有最大正特征根 $\rho_{\max}$ ，并且必然为单根；

（2）$\rho_{\max}$ 所对应的实矩阵 Q 的特征向量可以全部由正分量组成，并且所有特征向量只差一个比例因子。

很明显，评分矩阵 x 构成的方矩阵 $F = X^T X$ 满足了定理条件。通过以下定理证明，我们所求 X^* 就是引理（2）中 $\rho_{\max}$ 对应的正特征向量。

定理 1：$\forall b \in E_n$ ，$\max_{b \in E_n} \sum_{i=1}^{m} (b^T X_i)^2 = \rho_{\max}$ ，式中 $\rho_{\max}$ 为矩阵的最大特征根；X^* 为 $\rho_{\max}$ 对应 $X^T X$ 的正特征向量，且 $\|X^*\| = 1$ 。

定理 2：假设 A 是 $m \times n$ 阶矩阵，B 是 $n \times m$ 阶矩阵，则 AB 与 BA 有相同的（包括重数）非零特征值。

定理 3：a_0 是 $X^T X$ 的最大特征值所对应的特征向量，且 $\|a_0\| = 1$ ，则有 $X^T a_0 = KX^*$ ，即 a_0 是 m 个专家的权重向量。

3. 计算方法

第一步，通过专家组 G 中的 m 个专家直接对 n 个被评对象进行打分而得到评分矩阵为：

$$x = (x_{ij})_{m \times n} = \begin{pmatrix} x_{11} & \cdots & x_{1n} \\ \vdots & \vdots & \vdots \\ x_{m1} & \cdots & x_{nm} \end{pmatrix}$$

式中，$x \in [I, J]$ （$i = 1, 2, \cdots, m$ ；$j = 1, 2, \cdots, n$）为 i 个专家 S_i 对 j 个被评对象 P_j 的评分值。

第二步，另评分矩阵自相乘，得到 $\boldsymbol{F}$，其中 $\boldsymbol{F} = X^{\mathrm{T}}X$，那么 $\boldsymbol{F}$ 求出的最大特征根所对应的特征向量就是最终评价指标权向量。

为求出理想专家 S^* 的评分向量 x^*，我们采用数值算法中的幂法来求解，这种算法需要满足精度 ε 的条件。

（1）令 $k = 0$，$y_0 = \left(\dfrac{1}{n}, \dfrac{1}{n}, \cdots, \dfrac{1}{n} \right)^{\mathrm{T}} \in E_n$，$y_1 = \boldsymbol{F} \times y_0$，

$z_1 = \dfrac{y_1}{\| y_1 \|_2}$；

（2）命 $k = 1, 2, \cdots$；$y_{k+1} = \boldsymbol{F} \times z_k$，$z_{k+1} = \dfrac{y_{k+1}}{\| y_{k+1} \|_2}$；

（3）其中 $| z_{k \to k+1} |$ 表示 z_k 和 z_{k+1} 对应分量之差的绝对值最大者，然后需要判断 $| z_{k \to k+1} |$ 是否小于 ε，若是，则 z_{k+1} 即为所求的 x^*；否则转到第二步骤。

4. 单根与重根的处理

如果求出来的判断矩阵的最大特征根为单根，则认为最大特征根所对应的特征向量为最优解。如果所求判断矩阵的最大特征根为重根，那么需要同时求出两个最大特征根所影响的特征向量，所得特征向量空间对应的评价对象排名，其他对象按照第二大特征根对象特征向量排名（或者在已有判断矩阵中去掉排名并列评分值，不断重复以上计算步骤，直到找出最大特征根的单根为止）[161]。

二、Pearson 相关性分析原理

评价指标的相关性分析是十分必要的操作步骤，它可以使指标在相关程度上获得筛选和计量分解。通过对关联的程度进行分析，可以有效得到指标间的相关关系，将相关性强的指标进行修正或剔除，可以有效地提高模型使用效果。

首先，要进行数据的标准化处理，评价指标数据和标准差为 y_i 和 s_i，$\bar{y}$ 为其均值，所使用的标准化方法为：

$$X_i = \frac{y_i - \bar{y}}{s_i}$$

其次，进行相关系数 T_{ij} 计算，N 为对象个数，利用公式：

$$T_{ij} = \frac{\sum X_i Y_j - \dfrac{\sum X_i \sum X_j}{N}}{\sqrt{\left(\sum X_i^2 - \dfrac{\sum X_i^2}{N}\right)\left(\sum X_j^2 - \dfrac{\sum X_j^2}{N}\right)}}$$

最后，计算相关系数的临界值 M，并对 M 进行相应的数据分析，对比相关系数 T 与临界值 M 的数值大小。如果相关系数 T 小于临界值 M，则表明两者相关性较小，可以保留。反之，相关性较大，需要将其中一个剔除掉。

三、林业产业区域竞争力评价关键指标筛选

（一）基于群组决策特征根方法林业产业区域竞争力评价关键指标识别

对于林业产业区域竞争力评价指标关键性的确定，必须综合考虑选取指标对于反映区域林业产业竞争优势的重要性，以及指标对于整个评价指标体系的重要性大小。

对于评价指标的重要性判断，我们主要用访问和调查问卷的形式对一些受过良好教育、拥有一定沟通能力和相关知识水平的人员进行调研，保证所收集的数据的可靠性、正确性、科学性、全面性。采取对黑龙江省高校、林业产业企业的部分专家进行现场访谈和问卷调查的调查形式，以及对在国内相关期刊发表过类似文章的一些专家进行问卷调查的调查方式，最终共选择有效专家 15 位组成专家组。为了更好地体现林业产业竞争优势评价要素指标的重要程度，本文设计里克特 9 分量表法，将指标重要程度分成 9 个等级，见表 5 - 2。

表 5 - 2　指标值分值等级

Tab. 5 - 2　Index score level table

分值	1	2	3	4	5	6	7	8	9
程度	极不重要	非常不重要	很不重要	稍不重要	一般重要	稍重要	很重要	非常重要	极重要

1. 林业产业区域竞争力评价指标体系中外显竞争力评价指标的筛选过程

对初选指标的处理方式，通过对专家的调查和访问得出专家评分表，通过向邀请的专家发放评价打分表，请群组专家对选取的各个评价指标进行评分，得到林业产业区域竞争力——外显竞争力的初选指标评分表，见表5－3。

表5－3 林业产业区域竞争力——外显竞争力指标专家意见评分

Tab. 5－3 Forestry industry regional competitiveness—

Experts score on explicit competitiveness index

指标 专家	X1	X2	X3	X4	X5	X6
S1	6	4	3	5	6	1
S2	6	5	2	5	4	3
S3	7	3	3	6	4	4
S4	6	5	4	5	6	3
S5	5	4	5	4	5	3
S6	6	6	4	5	7	2
S7	7	7	4	6	7	3
S8	6	5	3	5	6	2
S9	7	7	4	6	5	2
S10	7	6	5	7	6	3
S11	6	7	3	7	6	3
S12	4	6	4	5	5	1
S13	5	4	2	4	5	1
S14	5	5	3	6	4	2
S15	6	5	2	4	5	1

①在得到评分矩阵 X 的基础上，运用 MATLAB 软件计算评分矩阵与其转置矩阵的乘积矩阵为：

$$F = A'{}^* A = \begin{bmatrix} 539 & 472 & 304 & 481 & 484 & 208 \\ 472 & 437 & 274 & 430 & 435 & 179 \\ 304 & 274 & 187 & 276 & 281 & 120 \\ 481 & 430 & 276 & 440 & 434 & 188 \\ 484 & 435 & 281 & 434 & 451 & 183 \\ 208 & 179 & 120 & 188 & 183 & 90 \end{bmatrix}$$

②求乘积矩阵 F 的特征根，得出最大特征根为单根的结果，最大特征根即为 $\rho_{max} = 2094.0$。最大特征根所对应的特征向量为：

$$B^T = (0.5041 \quad 0.4517 \quad 0.2912 \quad 0.4555 \quad 0.4599 \quad 0.1948)$$

③对 B^T 进行单位化得到：

$$B^T = (0.2139 \quad 0.1916 \quad 0.1235 \quad 0.1932 \quad 0.1951 \quad 0.0827)$$

根据得到的数据处理结果，将其通过问卷的形式再次与调研专家进行分析、讨论，确定剔除的临界数值，最终选择 0.1500 为临界值，筛选掉指标分值小于 0.1500 的指标，最终选取了四个指标，即林业产业市场占有率、产品销售收入、林业总产值、林业总产值与地方经济总产值比重。

2. 林业产业区域竞争力评价指标体系中核心竞争力指标的筛选过程

专家对林业产业区域竞争力——核心竞争力评价初选指标评分表见表 5 – 4。

表 5 – 4　林业产业区域竞争力——核心竞争力指标专家意见评分

Tab. 5 – 4　Forestry industry regional competitiveness——

Experts score on core competitiveness index

专家＼指标	X7	X8	X9	X10	X11	X12	X13	X14	X15	X16	X17	X18
S1	7	6	5	3	1	6	7	2	1	8	6	5
S2	6	8	5	4	3	4	5	3	2	5	6	6
S3	6	7	5	3	4	5	5	2	3	5	5	6
S4	5	6	5	3	3	6	6	4	5	6	6	5
S5	6	4	4	4	3	5	5	5	4	7	7	4

指标\专家	X7	X8	X9	X10	X11	X12	X13	X14	X15	X16	X17	X18
S6	7	5	6	5	2	7	5	5	3	6	6	5
S7	8	5	7	4	3	7	6	2	4	5	5	6
S8	5	6	5	2	2	6	4	4	5	5	4	7
S9	4	6	7	5	2	5	5	5	6	7	6	4
S10	5	6	6	3	3	6	5	3	3	5	5	5
S11	6	7	7	5	3	6	7	3	4	6	4	6
S12	6	6	6	2	1	5	4	2	5	6	5	5
S13	5	5	4	3	1	6	4	1	4	4	5	7
S14	7	6	5	1	2	4	6	1	3	5	6	6
S15	4	7	6	3	1	5	6	2	4	5	6	5

①在得到评分矩阵 X 的基础上，运用 MATLAB 软件计算评分矩阵与其转置矩阵的乘积矩阵为：

$$F = A'^{*}A = \begin{bmatrix} 523 & 518 & 470 & 290 & 200 & 485 & 469 & 250 & 314 & 495 & 469 & 478 \\ 518 & 554 & 487 & 299 & 206 & 492 & 483 & 259 & 332 & 507 & 483 & 495 \\ 470 & 487 & 457 & 278 & 181 & 453 & 437 & 242 & 309 & 462 & 435 & 439 \\ 290 & 299 & 278 & 186 & 118 & 282 & 270 & 160 & 188 & 289 & 274 & 268 \\ 200 & 206 & 181 & 118 & 90 & 188 & 183 & 105 & 126 & 191 & 183 & 186 \\ 485 & 492 & 453 & 282 & 188 & 471 & 444 & 247 & 311 & 471 & 446 & 455 \\ 469 & 483 & 437 & 270 & 183 & 444 & 440 & 232 & 292 & 459 & 433 & 435 \\ 250 & 259 & 242 & 160 & 105 & 247 & 232 & 156 & 173 & 259 & 244 & 231 \\ 314 & 332 & 309 & 188 & 126 & 311 & 292 & 173 & 232 & 316 & 300 & 304 \\ 495 & 507 & 462 & 289 & 191 & 471 & 459 & 259 & 316 & 497 & 465 & 455 \\ 469 & 483 & 435 & 274 & 183 & 446 & 433 & 244 & 300 & 465 & 447 & 435 \\ 478 & 495 & 439 & 268 & 186 & 455 & 435 & 231 & 304 & 455 & 435 & 460 \end{bmatrix}$$

②求乘积矩阵 F 的特征根，得出最大特征根为单根的结果，最大特征根即为 $\rho_{max} = 4335.2$。最大特征根所对应的特征向量为：

$$B^{T} = (0.3418 \quad 0.3522 \quad 0.3198 \quad 0.1988 \quad 0.1340 \quad 0.3264$$

0.3152　0.1746　0.2192　0.3347　0.3173　0.3198）

③对 $\boldsymbol{B}^{\mathrm{T}}$ 进行单位化得到：

$\boldsymbol{B}^{\mathrm{T}} =$（0.1019　0.1050　0.0954　0.0593　0.0399　0.0973

0.0940　0.0521　0.0653　0.0998　0.0946　0.0954）

在得到数据处理结果之后，将数据处理结果通过问卷的形式再与调研专家进行分析讨论，选定剔除临界数值，最终选择 0.0800 为临界值，筛选掉指标分值小于 0.0800 的指标，最终选取了八个指标，即劳动生产率，林业从业人员比重，林业系统在岗职工年平均工资，林业第二产业产值所占比重，林业第三产业产值所占比重，林业站数量，教育经费投入，林业高等学校普通本、专科学生毕业人数。

3. 林业产业区域竞争力评价指标体系中的基础竞争力指标筛选过程

专家对林业产业区域竞争力——基础竞争力初选指标评分表见表 5-5。

表 5-5　林业产业区域竞争力——基础竞争力指标专家意见评分

Tab. 5-5　Forestry industry regional competitiveness——

Experts score on basic competitiveness index

专家＼指标	X19	X20	X21	X22	X23	X24	X25	X26	X27	X28	X29
S1	8	6	2	7	6	6	6	2	5	5	7
S2	7	5	4	5	4	6	6	3	5	5	6
S3	7	6	3	5	5	5	5	3	5	6	5
S4	6	5	4	6	5	6	6	3	6	5	5
S5	5	5	3	5	6	7	7	2	7	6	6
S6	6	6	2	5	6	6	6	1	4	5	4
S7	4	7	3	6	5	4	5	1	5	6	5
S8	5	6	4	5	6	6	6	4	5	5	5
S9	5	7	2	5	6	6	6	5	7	6	6
S10	6	6	3	5	5	5	5	2	6	7	5
S11	6	7	3	7	7	5	4	4	6	7	6

专家＼指标	X19	X20	X21	X22	X23	X24	X25	X26	X27	X28	X29
S12	7	6	4	4	7	6	6	5	4	5	6
S13	6	7	1	4	6	5	5	5	4	6	4
S14	7	5	2	6	6	5	5	2	5	6	5
S15	7	4	1	6	5	6	6	2	5	4	5

①根据得到的评分矩阵 X，运用 MATLAB 软件计算评分矩阵与其转置矩阵的乘积矩阵为：

$$F = A'^* A = \begin{bmatrix} 580 & 529 & 239 & 494 & 502 & 507 & 505 & 270 & 473 & 511 & 494 \\ 529 & 517 & 226 & 464 & 482 & 472 & 472 & 261 & 452 & 494 & 464 \\ 239 & 226 & 115 & 208 & 213 & 215 & 215 & 115 & 205 & 220 & 212 \\ 494 & 464 & 208 & 440 & 437 & 438 & 437 & 226 & 420 & 449 & 431 \\ 502 & 482 & 213 & 437 & 460 & 451 & 449 & 248 & 427 & 461 & 440 \\ 507 & 472 & 215 & 438 & 451 & 458 & 457 & 240 & 430 & 456 & 441 \\ 505 & 472 & 215 & 437 & 449 & 457 & 458 & 237 & 429 & 455 & 440 \\ 270 & 261 & 115 & 226 & 248 & 240 & 237 & 156 & 230 & 248 & 237 \\ 473 & 452 & 205 & 420 & 427 & 430 & 429 & 230 & 418 & 440 & 421 \\ 511 & 494 & 220 & 449 & 461 & 456 & 455 & 248 & 440 & 480 & 448 \\ 494 & 464 & 212 & 431 & 440 & 441 & 440 & 237 & 421 & 448 & 436 \end{bmatrix}$$

②求乘积矩阵 F 的特征根，得出最大特征根为单根，最大特征根即为 $\rho_{max} = 4395.9$。最大特征根所对应的特征向量为：

$$\boldsymbol{B}^{\mathrm{T}} = (0.3585, 0.3392, 0.1528, 0.3123, 0.3207, 0.3205,$$
$$0.3198, 0.1724, 0.3049, 0.3272, 0.3132)$$

③对 $\boldsymbol{B}^{\mathrm{T}}$ 进行单位化得到：

$$\boldsymbol{B}^{\mathrm{T}} = (0.1106, 0.1046, 0.0471, 0.0963, 0.0989, 0.0989,$$
$$0.0987, 0.0532, 0.0941, 0.1009, 0.0966)$$

在得到数据处理结果之后，将数据处理结果通过问卷的形式再与调研专家进行分析讨论，选定剔除临界数值，最终选择 0.0600 为临界值，筛选掉指标分值小于 0.0600 的指标，最终选取了八个指标，即铁路网密度，GDP 占全国比重，森林蓄积量，林业用地面积，森林覆盖率，各地区林业重点生态工程造林面积，各地区林业系统自然保护区面积，森林公园面积。

4. 林业产业区域竞争力评价指标体系中的产业竞争力指标筛选过程

专家对林业产业区域竞争力——产业竞争力初选指标评分表见表 5 - 6。

表 5 - 6　林业产业区域竞争力——产业竞争力指标专家意见评分

Tab. 5 - 6　Forestry industry regional competitiveness——

Experts score on industry competitiveness index

指标 专家	X30	X31	X32	X33	X34	X35	X36
S1	7	7	7	6	2	5	2
S2	6	6	5	4	4	5	3
S3	6	5	5	5	3	5	3
S4	7	7	6	5	4	6	3
S5	5	5	7	6	3	7	2
S6	6	6	5	6	2	4	1
S7	4	4	6	7	3	5	1
S8	5	5	4	5	2	5	4
S9	5	5	5	6	2	5	5
S10	6	6	5	5	3	3	2
S11	5	5	7	7	3	5	4
S12	7	6	4	7	4	3	5
S13	5	5	4	6	1	4	5
S14	7	6	6	4	2	5	2
S15	7	5	6	6	1	4	20

①在得到评分矩阵 X 的基础上，运用 MATLAB 软件计算评分矩阵与其转置矩阵的乘积矩阵为：

$$F = A'^* A = \begin{bmatrix} 530 & 496 & 482 & 494 & 230 & 413 & 256 \\ 496 & 469 & 455 & 466 & 219 & 392 & 242 \\ 482 & 455 & 464 & 467 & 214 & 397 & 230 \\ 494 & 466 & 467 & 495 & 220 & 400 & 252 \\ 230 & 219 & 214 & 220 & 115 & 187 & 115 \\ 413 & 392 & 397 & 400 & 187 & 351 & 205 \\ 256 & 242 & 230 & 252 & 115 & 205 & 156 \end{bmatrix}$$

②求乘积矩阵 F 的特征根，得出最大特征根为单根，最大特征根即为 $\rho_{max} = 2486.8$。最大特征根所对应的特征向量为：

$B^{\mathrm{T}} = (0.4571, 0.4313, 0.4272, 0.4398, 0.2036, 0.3689, 0.2272)$

③对 B^{T} 进行单位化得到：

$B^{\mathrm{T}} = (0.1789, 0.1688, 0.1672, 0.1721, 0.0797, 0.1444, 0.0889)$

在得到数据处理结果之后，将数据处理结果通过问卷的形式再与调研专家进行分析讨论，选定剔除临界数值，最终选择 0.1400 为临界值，筛选掉指标分值小于 0.1400 的指标，最终选取了五个指标，即地方财政收入占 GDP 的比重，人均财政支出，林业国家投资，林业固定资产，林业实际利用外商投资。

（二）评价指标相关性分析筛选

根据以上方法进行统计筛选，本文设定 0.75 为临界值，使用 SPSS 进行皮尔森检验，结果见表 5 - 7 ~ 表 5 - 10。

表 5 - 7　林业产业区域竞争力——外显竞争力各指标相关性

Tab. 5 - 7　Forestry industry regional competitiveness——

Relation of explicit competitiveness index

指标＼指标	林业产业市场占有率（X1）	产品销售收入（X2）	林业总产值（X4）	林业总产值与地方经济总产值比重（X5）
林业产业市场占有率（X1）	1.000	0.216	0.525	0.279
产品销售收入（X2）	0.216	1.000	0.519	0.498
林业总产值（X4）	0.525	0.519	1.000	0.149

我国林业产业区域竞争力评价研究

指标　　　　指标	林业产业市场占有率（X1）	产品销售收入（X2）	林业总产值（X4）	林业总产值与地方经济总产值比重（X5）
林业总产值与地方经济总产值比重（X5）	0.279	0.498	0.149	1.000

通过相关性筛选，选取｜0.75｜为临界值，发现各指标的相关性均小于｜0.75｜，说明各指标之间关联程度不高，评价指标体系符合评价要求，各指标的选取具有代表性。

表5-8　林业产业区域竞争力——核心竞争力各指标相关

Tab. 5-8　Forestry industry regional competitiveness——

Relation of core competitiveness index

指标　　　　指标	劳动生产率（X7）	林业从业人员比重（X8）	林业系统在岗职工年平均工资（X9）	林业第二产业产值所占比重（X12）	林业第三产业产值所占比重（X13）	林业站数量（X16）	教育经费投入（X17）	林业高等学校普通本、专科学生毕业人数（X18）
劳动生产率（X7）	1.000	-0.249	0.011	0.245	0.319	0.119	-0.060	0.163
林业从业人员比重（X8）	-0.249	1.000	0.060	-0.468	0.220	-0.205	-0.259	0.234
林业系统在岗职工年平均工资（X9）	0.011	0.060	1.000	0.317	0.309	0.173	-0.175	-0.251
林业第二产业产值所占比重（X12）	0.245	-0.468	0.317	1.000	0.107	0.050	-0.207	0.108
林业第三产业产值所占比重（X13）	0.319	0.220	0.309	0.107	1.000	0.396	0.088	-0.187
林业站数量（X16）	0.119	-0.205	0.173	0.050	0.396	1.000	0.495	-0.721
教育经费投入（X17）	-0.060	-0.259	-0.175	-0.207	0.088	0.495	1.000	-0.735
林业高等学校普通本、专科学生毕业人数（X18）	0.163	0.234	-0.251	0.108	-0.187	-0.721	-0.735	1.000

通过相关性筛选，选取丨0.75丨为临界值，发现各指标的相关性均小于丨0.75丨，说明各指标之间关联程度不高，评价指标体系符合评价要求，各指标的选取具有代表性。

表5–9 林业产业区域竞争力——基础竞争力各指标相关性

Tab. 5–9 Forestry industry regional competitiveness——
Relation of basic competitiveness index

指标	铁路网密度（X19）	GDP占全国比重（X20）	森林蓄积量（X22）	森林面积（X23）	林业用地面积（X24）	森林覆盖率（X25）	各地区林业重点生态工程造林面积（X27）	各地区林业系统自然保护区面积（X28）	森林公园面积（X29）
铁路网密度（X19）	1.000	−0.329	0.230	−0.069	0.329	0.167	−0.387	−0.342	0.275
GDP占全国比重（X20）	−0.329	1.000	0.000	0.531	−0.328	−0.328	−0.032	0.623	0.000
森林蓄积量（X22）	0.230	0.000	1.000	−0.027	0.059	−0.029	0.311	0.088	0.388
森林面积（X23）	−0.069	0.531	−0.027	1.000	0.897	0.069	0.050	0.170	0.255
林业用地面积（X24）	0.329	−0.328	0.059	0.897	1.000	0.256	0.328	−0.331	0.385
森林覆盖率（X25）	0.167	−0.328	−0.029	0.069	0.256	1.000	0.237	−0.434	0.280
各地区林业重点生态工程造林面积（X27）	−0.387	−0.032	0.311	0.050	0.328	0.237	1.000	0.293	0.465
各地区林业系统自然保护区面积（X28）	−0.342	0.623	0.088	0.170	−0.331	−0.434	0.293	1.000	0.000
森林公园面积（X29）	0.275	0.000	0.388	0.255	0.385	0.280	0.465	0.000	1.000

通过相关性筛选，选取丨0.75丨为临界值，发现森林面积（X23）和林业用地面积（X24）的相关性为0.897＞丨0.75丨，表明这两个指标间存在很大相关性，因此删除森林面积（X23）。

表 5－10　林业产业区域竞争力——产业竞争力各指标相关性

Tab. 5－10　Forestry industry regional competitiveness——

Relation of industry competitiveness index

指标　　　指标	地方财政收入占 GDP 的比重（X30）	人均财政支出（X31）	林业国家投资（X32）	林业固定资产（X33）	林业实际利用外商投资（X35）
地方财政收入占 GDP 的比重（X30）	1.000	0.784	0.063	−0.345	−0.247
人均财政支出（X31）	0.784	1.000	0.102	−0.380	−0.072
林业国家投资（X32）	0.063	0.102	1.000	0.161	0.578
林业固定资产（X33）	−0.345	−0.380	0.161	1.000	−0.165
林业实际利用外商投资（X35）	−0.247	−0.072	0.578	−0.165	1.000

通过相关性筛选，选取 $|0.75|$ 为临界值，发现地方财政收入占 GDP的比重（X30）与人均财政支出（X31）的相关性为 0.784 > $|0.75|$，说明这两组指标存在很强的相关性，故删除人均财政支出（X31）。

第三节　林业产业区域竞争力评价
指标体系及指标分析

一、林业产业区域竞争力评价指标体系

以构建的林业产业区域竞争力初选评价指标为基础，并通过群组决策特征根法对其进行筛选，结合各个指标数据的可获得性及相关文献资料，最终构建我国林业产业区域竞争力评价指标体系，见表5－11。

表 5－11 林业产业区域竞争力评价指标体系

Tab. 5－11   The evaluation index system of forestry

industry regional competitiveness

目标层	一级指标	二级指标	三级指标
林业产业区域竞争力评价指标体系	外显竞争力	林业产业实力	林业产业市场占有率（X1）
			产品销售收入（X2）
		林业产业盈利能力	林业总产值（X3）
			林业总产值与地方经济总产值比重（X4）
	核心竞争力	林业系统素质	劳动生产率（X5）
			林业从业人员比重（X6）
			林业系统在岗职工年平均工资（X7）
		林业产业结构	林业第二产业产值所占比重（X8）
			林业第三产业产值所占比重（X9）
		科技创新	林业站数量（X10）
			教育经费投入（X11）
			林业高等学校普通本、专科学生毕业人数（X12）
	基础竞争力	基础设施建设	铁路网密度（X13）
			GDP 占全国比重（X14）
		资源禀赋	森林蓄积量（X15）
			林业用地面积（X16）
			森林覆盖率（X17）
		生态建设	各地区林业重点生态工程造林面积（X18）
			各地区林业系统自然保护区面积（X19）
			森林公园面积（X20）
	产业环境竞争力	制度环境	地方财政收入占 GDP 的比重（X21）
			林业国家投资（X22）
		金融资本	林业固定资产（X23）
			林业实际利用外商投资（X24）

二、林业产业区域竞争力评价指标分析

1. 外显竞争力指标

外显竞争力指标包括林业产业实力和林业产业盈利能力两个指标，林业产业实力指标包括：林业产业市场占有率、林产品销售收入；林业产业盈利指标包括：林业总产值、林业总产值与地方经济总产值比重。林业产业市场占有率内容是体现林业产业区域竞争力所占市场份额大小的重要标志，是表征产业市场扩张能力的核心指标，林业产业市场占有率指的是一个省级行政区域内的林业产业的销售收入在销售总额中所占的比重，即市场占有率＝省级产品销售收入/全国产品总销售收入；林产品销售收入反映了林业产业创造利润和累计资本的能力，获得收入并不断地累计利润是林业产业发展的根本，可以直接反映林业产业的竞争力；林业产业总产值反映了林业产业整体盈利水平和林业产业创造利润的整体现状；林业总产值与地方经济总产值比重反映了林业产业对地方经济发展的贡献情况，同时也反映了林业产业在地方经济发展中的重要性。这几个指标都直接反映了林业产业对市场资本的获取能力、创造利润能力和市场扩张力，从林业产业对市场的影响、对市场资本的获取角度反映了林业产业的竞争力。

2. 核心竞争力指标

核心竞争力指标包括林业系统素质、林业产业结构、科技要素，其中林业系统素质包括企业劳动生产率、企业从业人员比重、林业系统在岗职工年平均工资；林业产业结构包括林业第二产业产值所占比重、林业第三产业产值所占比重；科技要素包括林业站数量，教育经费投入，林业高等学校普通本、专科学生毕业人数。劳动生产率具体指每个劳动者的产值，全面反映了林业产业生产效率和员工的工作效率，即劳动生产率＝林业产业总产值/林业产业从业人数；企业从业人员比重反映了林业产业企业人员占整个林业产业从业人员的比重，企业从业人员的比重可以在一定程度上反映林业系统较高素质人才的比重，进而反映林业产业的素质；林业系统在岗职工年平均工资指林业系统在岗职工的平均薪酬水平，林业系统在岗职工年平均工资是林

业产业在人才市场上竞争力的主要因素；林业第二产业产值所占比重是反映林业核心竞争力的重要指标，可以反映林业产业的深加工和增加产品附加值的能力；林业第三产业产值所占比重反映了林业产业的结构；基础林业站为推进林业改革做出了重要贡献，有力地保障了林改工作的顺利实施和科技创新的顺利进行，所以基层林站数量是反映科技创新能力的一个很重要的基础方面；教育经费投入可以决定林业产业的可持续发展能力和林业产业储备人才的培养水平；林业高等学校普通本、专科学生毕业人数反映了林业产业科技人才的投入。这些指标都反映了林业产业未来的发展和结构，对林业的长期发展起到了决定性作用。

3. 基础竞争力指标

基础竞争力指标主要包括基础设施、资源禀赋和生态建设三个方面。基础设施包括铁路网密度和 GDP 占全国比重两个层面；资源禀赋包括森林蓄积量和林业用地面积森林覆盖率两个层面；生态建设包括各地区林业重点生态工程造林面积、各地区林业系统自然保护区面积、森林公园面积。铁路网密度反映了一个地区运输能力的主要指标，铁路网密度指每百平方公里内的铁路公里数，即铁路网密度 = 各省铁路公里数/各省面积；GDP 占全国比重反映了一个地区的基本经济情况；这三个指标都反映了林业产业的基础设施建设情况。森林蓄积量是林业发展的基础；林业用地面积包括的内容很多，主要有用材林地、防护林地、薪炭林地、特用林地、经济林地、竹林地等，反映了林业森林资源的具体构成；森林覆盖率是反映一个国家或地区森林面积占有情况或森林资源丰富程度及实现绿化程度的指标，又是确定森林经营和开发利用方针的重要依据之一；这三个指标都能够反映林业资源发展与构成情况。林业重点生态工程主要有天然林保护工程、"三北"和长江中下游地区等重点防护林体系建设工程、退耕还林还草工程、环北京地区防沙治沙工程、野生动植物保护及自然保护区建设工程以及重点地区以速生产用材林为主的林业产业建设工程，各地区林业重点生态工程造林面积、各地区林业系统自然保护区面积、各地区林业系统野生动植物保护区面积是衡量我国林业产业可持续发展的重要指标。

4. 产业环境竞争力指标

产业环境竞争力主要体现在制度环境和金融资本两个方面；制度环境包括地方财政收入占 GDP 的比重、林业国家投资；金融资本包括林业固定资产、林业实际利用外商投资。地方财政收入占 GDP 的比重可以反映林业产业的财政压力；这两个指标均明显反映出国家对林业产业发展的支持，出台了一系列扶持政策。林业产业的发展决定于林业的固定资产投资；林业实际利用外商投资可以反映国家对林业产业外资引进的支持情况；这两个指标都能够反映林业产业的金融市场发展。

第四节　本章小结

基于对林业产业区域竞争力评价指标体系的理论分析，以及林业产业区域竞争力评价指标体系构建原则，采用 GEM（群组决策特征根法）对影响林业产业区域竞争力的关键指标进行初步筛选，采用 Pearson 法分析初选指标之间存在的相关性，构建了我国林业产业区域竞争力评价指标体系，即由产业环境竞争力、外显竞争力、基础竞争力和核心竞争力组成的 4 个二级指标、10 个三级指标以及 24 个四级指标，并对最终的评价指标进行指标解释，最终构建了我国林业产业区域竞争力评价指标体系，为进一步展开竞争力评价奠定基础。

第六章　我国林业产业省际 区域竞争力评价

基于前文章节对林业产业区域特征分析和指标体系的构建，为清晰准确地反映我国林业产业的区域发展水平，实现综合系统的我国林业产业区域竞争力的分析比较，结合数据指标量化特征和有效性，本章进一步细化省际区域，以更为直观地检验林业产业区域竞争力水平，也可以反映出林业产业整个体系是否科学、合理，为相关部门政策落实到具体研究对象提供有效参考。通过对我国部分省（直辖市、自治区）在同一个时间点上的状况对各指标进行加权比重的静态比较分析，得到产业环境、基础、核心与显性方面比较优势，反映林业产业竞争力的现有状态；同时由于多种条件的影响，针对各地区2006—2012年各指标加权的时间动态比较，反映林业产业不同于其现有竞争态势的潜在竞争力或变动趋势；针对2006—2012年综合竞争力计量结果结合理论标准划分出差异特征明显的强度梯队，在此基础上进一步分析林业产业竞争力的地区差异性及成因，深入挖掘其发展异质性因素产生的影响。

第一节　我国林业产业省际区域竞争力评价模型构建

一、我国林业产业省际区域竞争力评价方法选取及步骤

评价方法是保障评价体系科学性的重要条件，一般是指参照确定的目标来测定评价对象系统的特性。综合评价根据不同的评价目的，将一系列反映被评价事物不同方面的统计指标，赋予不同的权重，并

根据多元统计的研究方法整合在一起，通过构建效用函数对被评价事物做出综合性评价，最后综合这些评价以得出对该事物的一个整体性评价。产业竞争力的评价很明显具有综合性的特点，所以选取有效合理的综合评价方法是进行产业竞争力评价的科学渠道。产业竞争力评价中的综合评价方法，常用的有主成分分析（PCA）、因子分析（FA）、聚类分析（CA）、雷达图分析（RC）等方法。鉴于我国各省区林业产业竞争力的实际特点，其评价方法应符合林业产业多元统计指标要求。同时，由于综合评价方法整体衡量了影响我国各省区林业产业竞争力的各种因素或构成要素，并对这些因素进行评价研究探索产业竞争力提升的路径；该评价方法所需的主体数据资料能够从各种统计年鉴中直接获取或推算取得；并且，在学术研究中合理可行。因此，本书将运用 Topsis 综合评价方法，对我国各省区林业产业竞争力进行评价分析。

本研究中，按照我国各省区林业产业竞争力综合评价方法的要求，分为以下步骤：

第一，明确评价形式。

一般研究里，评价形式主要有两个层面的内容：一是直接固定标准的评价，即固定某些标准，将各类评价对象的个体与所固定的标准展开比较；二是无固定标准的相对评价，例如对某一产业发展水平的评价分析，因为产业发展从大到小、从强到弱是一个动态的过程，并伴随着时间的推移而发生变化，所以在评价过程中应该仅对特定阶段的状况展开研究，并分析相互间的差异性，因此，在确定评价目的之后，仍需确定评价形式的选取内容[161]。

第二，建立评价指标体系。

为综合系统地对我国的林业产业竞争力进行分析比较，需要从确定的评价对象中选取一些指标或构成要素，对林业产业的评价指标，或林业产业评价因素的体系进行再深入的构建，然后，使用相关林业产业指标及林业产业影响因素对林业产业的竞争力进行具体描述，清晰准确地反映我国林业产业的发展水平。

第三，确定评价指标权重。

评价指标的权重是指在整个评价指标体系内相对重要性的量化表征，需要按照各项评价指标来反映评价对象本质特征方面的作用及地位，采用客观的熵值赋权法，不仅能够充分挖掘数据本身的统计意义，也能够充分利用数据指标的经济意义，客观、公正科学地反映各指标所占权重，具有较高的可信度。

第四，依据对林业产业竞争力所评价的内容，原始数据的基本特征以及文献研究，对综合评价方法进行选择，然后构建相应的评价模型，进行实证测评。

第五，实证测评中，根据得出的综合评价体系中指标值的大小以及各综合评价的等级数量阈值，从而得出评价对象的重要性排序，得出评价结果。

第六，本书在对我国各省区林业产业竞争力综合评价的基础上，针对各省区评价结果进行聚类，剖析产生差异的原因，最终为政府部门的科学决策以及林业产业的转型升级提供理论依据。

二、我国林业产业省际区域竞争力评价指标权重的确定

（一）熵值法权重确定基本原理

为保证评价指标能够科学合理地反映其权重，应该运用较为科学的方法。从实际应用视角看，熵值法是属于客观赋权的一种方法，利用指标信息熵的计算，观察指标相应的变动情况，以及这些变动对系统的整体影响，来确定指标的权重，其中相对变化程度都与指标的重要性呈正相关，此方法现广泛应用在统计学等各个领域，具有较强的研究价值，有助于研究过程中保持思维过程的一致性，适用于较为复杂的综合评价系统，是当今广泛应用的确定权重的方法之一。同时，在分析过程中，影响我国各省区林业产业竞争力的因素复杂繁多，因此，其竞争力评价指标权重的确定，则是采用熵值法。

熵（entropy）这个术语，是 1850 年德国物理学家克劳修斯最早开始使用的，用来描述空间中某种能量分布的有序程度。最初熵属于

热力学领域，一般用 S 表示。后来这个概念被引申到其他领域，如在信息论的应用中，熵用来对不确定性进行描述。信息量与不确定性负相关，与熵值也呈负相关。因此，根据熵的这些特性，我们可以利用熵值的确定，来对事件的随机性和无序程度进行判别，离散程度越大的指标，熵值越大，权重越大，从而为下一步进行评价工作打下基础。

（二）熵值法步骤

（1）在所用的 n 个测评对象和 m 个指标中，x_{ij} 是第 i 个测评对象的第 j 个指标的值（$i=1$，2，$\cdots$，n；$j=1$，2，$\cdots$，m）。

（2）指标的标准化处理：异质指标同质化。

因为没有统一的单位适用于各项指标值，因此，在计算综合指标之前，需要先对数据进行标准化处理，同时令 $x_{ij} = \mid x_{ij} \mid$，从而使各项不同单位的指标去量化。对于正向指标和负向指标，它们的数值所代表的意义是不一样的（绝对值越高越好），因此，对于这些指标，我们用不同的算法，进行数据去量纲化处理。其具体方法如下：

$$正向指标：x'_{ij} = \frac{x_{ij} - \min(x_{1j}, x_{2j}, \cdots, x_{nj})}{\max(x_{1j}, x_{2j}, \cdots, x_{nj}) - \min(x_{1j}, x_{2j}, \cdots, x_{nj})} \times 100$$

$$负向指标：x'_{ij} = \frac{\max(x_{1j}, x_{2j}, \cdots, x_{nj}) - x_{ij}}{\max(x_{1j}, x_{2j}, \cdots, x_{nj}) - \min(x_{1j}, x_{2j}, \cdots, x_{nj})} \times 100$$

则 x'_{ij} 为第 i 个省份的第 j 个指标的数值（$i=1$，2，$\cdots$，n；$j=1$，2，$\cdots$，m）。为了方便起见，仍记数据 $x'_{ij} = x_{ij}$。

（3）第 j 项指标下，第 i 个省份占该指标的比重：

$$p_{ij} = \frac{X_{ij}}{\sum\limits_{i=1}^{n} X_{ij}} (i = 1, 2, \cdots, n; j = 1, 2, \cdots, m)$$

（4）计算第 j 项林业产业评价指标的熵值：

$$e_j = -k \sum_{i=1}^{n} p_{ij} \ln(p_{ij})$$

其中，$k > 0$，$k = 1/\ln(n)$，$e_j \geq 0$。

（5）对第 j 项林业产业评价指标的差异系数进行计算。对于第 j 项评价指标，值的差异越大，对方案评价的影响就越大，熵值越小，这里定义差异系数：

$$g_j = \frac{1 - e_j}{m - E_e}$$

式中 $E_e = \sum_{j=1}^{m} e_j$ ，$0 \leqslant g_j \leqslant 1$ ，$\sum_{j=1}^{m} g_j = 1$ 。

（6）求权值：

$$w_j = \frac{g_j}{\sum_{j=1}^{m} g_j} \quad (1 \leqslant j \leqslant m)$$

（7）最后，得出各测评对象的综合分值：

$$s_i = \sum_{j=1}^{m} w_j \cdot p_{ij} \quad (i = 1, 2, \cdots, n)$$

三、我国林业产业省际区域竞争力的改进加权 Topsis 评价模型

在本书所使用的评价方法中，建立林业产业竞争力评价指标体系、确定各指标的权重是基础，在此基础上需要建立相应的评价模型，将多指标的评价值进行合成，即通过一定的算法将多个指标对事物不同方面的评价值综合在一起，以得到一个整体性的评价。在系统工程中，Topsis 法是针对有限方案、多目标决策分析的常用方法。可以利用归一化后的原始数据矩阵，从有限方案中，选出最优方案和最劣方案（用最优解向量和最劣解向量描述），而且，可以进一步地对诸评价对象与最优和最劣方案的距离进行计算，从而得到各评价对象与最优方案的差距，作为评价优劣的依据。

（一）基本原理

Topsis 即逼近理想解的方法，它是一种综合利用多个决策目标，进行数据的对比和分类，以获得最理想解的方法，这种方法通过计算各个指标与理想结果的距离来进行评价。

（二）距离的测度

采用相对接近测度。假设决策问题中，存在 m 个目标 f_j（$j = 1$, 2, $\cdots$, m），和 n 个可行解 Z_i（Z_{i1}, Z_{i2}, $\cdots$, Z_{im}）（$i = 1$, 2, $\cdots$, n）；并假设该问题中，规范化加权目标的理想解是 Z^*，其中

$$Z^+ = (Z_1^+, Z_2^+, \cdots, Z_m^+)$$

若用欧几里得范数测度距离，则任意可行解 Z_i 距离 Z^+：

$$S_i^+ = \sqrt{\sum_{j=1}^{m} (Z_{ij} - Z_j^+)^2} \quad (i = 1, \cdots, n)$$

式中，Z_{ij} 表示第 j 个目标对第 i 个方案（解）的规范化加权值。

同理，假设 $Z^- = (Z_1^-, Z_2^-, \cdots, Z_m^-)^T$，表示决策问题的规范化加权目标的负理想解，则任意可行解 Z_i 距离负理想解 Z^-：

$$S_i^- = \sqrt{\sum_{j=1}^{m} (Z_{ij} - Z_j^-)^2} \quad (i = 1, \cdots, n)$$

那么，定义可行解对于理想解的相对距离为：

$$C_i = \frac{S_i^-}{S_i^- + S_i^+} \quad (0 \leqslant C_i \leqslant 1; i = 1, \cdots, n)$$

于是，若 Z_i 是理想解，则 $C_i = 1$；若 Z_i 是负理想解，则 $C_i = 0$。Z_i 离理想解越近，C_i 也越接近于 1；反之，离负理想解越近，C_i 与 0 越接近。从而可以对 C_i 进行排序，求出满意解。

（三）Topsis 法计算步骤

第一步：对于一决策问题，决策矩阵为 $\boldsymbol{A}$。$\boldsymbol{Z}'$ 为由 $\boldsymbol{A}$ 构成的规范化决策矩阵，组成元素为 Z'_{ij}，且有

$$Z'_{ij} = \frac{f_{ij}}{\sqrt{\sum_{i=1}^{n} f_{ij}^2}} \quad (i = 1, 2, \cdots, n; j = 1, 2, \cdots, m)$$

式中，f_{ij} 由决策矩阵给出。

$$\boldsymbol{A} = \begin{Bmatrix} f_{11} & f_{12} & \cdots & f_{1m} \\ f_{21} & f_{22} & \cdots & f_{2m} \\ \vdots & \vdots & \cdots & \vdots \\ f_{n1} & f_{n2} & \cdots & f_{nm} \end{Bmatrix}$$

第二步：得出规范化的加权决策矩阵 $\boldsymbol{Z}$，其元素为 Z_{ij}

$$Z_{ij} = W_j Z'_{ij} \quad (i = 1, \cdots, n; j = 1, \cdots, m)$$

W_j 为第 j 个目标的权。

第三步：理想解和负理想解的确定。当决策矩阵 **Z** 中，元素 Z_{ij} 值大时，认为该方案是好的，则

$$Z^+ = (Z_1^+, Z_2^+, \cdots, Z_m^+) = \{\max_i Z_{ij} \mid j = 1, 2, \cdots, m\}$$

$$Z^- = (Z_1^-, Z_2^-, \cdots, Z_m^-) = \{\min_i Z_{ij} \mid j = 1, 2, \cdots, m\}$$

第四步：对每个方案与理想点的距离 S_i 与负理想点的距离 S_i^- 进行计算。

第五步：计算 C_i，并按每个方案与理想解的距离 C_i 的大小进行排序，找出满意解。

在诸多多目标综合评价排序的方法中，Topsis 法能够充分利用原始数据信息，精确地对各评价方案之间的差距进行反映，而且 Topsis 对数据分布、样本含量、指标多少限制较少，数据的计算也简单易行。所以它不仅适合小样本，也适用于对多评价对象、多指标的大样本进行评价。

四、我国林业产业省际区域竞争力线性加权函数模型

在多指标综合评价方法里，评价指标体系的建立、评价指标权重的确定，和数据的无量纲处理是基础，之后将多指标的评价值进行合成，即利用算式将多个指标对问题不同方面的评价值合成在一起，以得到一个整体性的评价。可用于合成的数学方法较多，大致可以分为四种，即线性加权和函数法、乘法合成法、加乘混合合成法、代换法。综合考虑以上四种方法的优缺点及被评价对象的特征，并进一步借鉴何国辉（2010）[161]、赵庆超（2014）[126]文献做法，本书同时也采用线性加权和函数法来合成各指标的评价值，从而得到综合评价值，以此通过多种方法对比验证我国林业产业竞争力测评结果，增加其结果客观性。

线性加权和函数法的基本公式为：

$$A = f(x) = \sum_{i=1}^{n} w_i x_i$$

式中，$A = f(x)$ 描述的是被评价对象的综合评价值；W_i 为各评价指标的权数；X_i 为单个指标的评价值；n 为评价指标数量。

第二节　我国林业产业省际区域
竞争力静态及动态评价

一、我国林业产业省际区域竞争力静态测度

（一）研究数据来源

本书的静态测度基于我国林业产业 2006—2012 年 29 个省（直辖市、自治区）（由于其他几个地区数据缺失过多，将其剔除）省级截面数据进行加权平均计算，所运用的数据全部来源于公开的各类统计资料，包括国家统计局发布的 2006—2012 年《中国统计年鉴》《中国工业经济统计年鉴》《中国林业统计年鉴》《中国劳动力统计年鉴》《中国财政年鉴》和各省（直辖市、自治区）统计年鉴中规模以上木材加工及木竹藤棕草制品企业的数据，国家林业局发布的 2006—2012 年《中国林业发展报告》，以及中国林产工业协会发布的各项数据，同时，本文的部分数据来源于多个省市的经济普查公报。市场占有率、劳动生产率等原始计算指标来源于《中国统计年鉴》资料；林业高等学校普通本、专科学生毕业人数，地方财政收入和各地区林业产业实际利用外商投资额来源于各省市的统计年鉴。

（二）基于熵值法的静态指标权重确定

在确定我国林业产业竞争力评价静态指标权重的过程中，运用前文内容所述的熵值法客观计算得到相应的权重值。在计算过程中，为确保评价模型应用的合理性，剔除了二级指标层次，直接计算得到三级指标对一级指标的权重值，以此后续计算外显竞争力、核心竞争力、基础竞争力和产业环境竞争力。同时，还计算得到评价指标对于目标层的权重值，以此计算综合竞争力。结果见表 6-1~表 6-5。

表6－1　林业产业中外显竞争力各项指标的权重

Tab. 6－1　The index weight of each index of explicit competitiveness

外显竞争力	权重
林业产业市场占有率（X1）	0.33702121
产品销售收入（X2）	0.35192687
林业总产值（X3）	0.19629153
林业总产值与地方经济总产值比重（X4）	0.11476039

表6－2　林业产业中核心竞争力各指标的权重值

Tab. 6－2　The index weight of each index of core competitiveness

核心竞争力	权重
劳动生产率（X5）	0.24611574
林业从业人员比重（X6）	0.21970942
林业系统在岗职工年平均工资（X7）	0.04978496
林业第二产业产值所占比重（X8）	0.10746673
林业第三产业产值所占比重（X9）	0.11339673
林业站数量（X10）	0.07947357
教育经费投入（X11）	0.07279156
林业高等学校普通本、专科学生毕业人数（X12）	0.11126129

表6－3　林业产业中基础竞争力各指标的权重值

Tab. 6－3　The index weight of each index of basic competitiveness

基础竞争力	权重
铁路网密度（X13）	0.07541215
GDP占全国比重（X14）	0.07350087
森林蓄积量（X15）	0.18898201
林业用地面积（X16）	0.10862645
森林覆盖率（X17）	0.05382902
各地区林业重点生态造林面积（X18）	0.11422610
各地区林业系统自然保护区面积（X19）	0.25071695
森林公园面积（X20）	0.13470644

表6-4 林业产业环境竞争力各指标的权重值

Tab. 6-4 The index weight of each index of industry
environment competitiveness

产业环境竞争力	权重
地方财政收入占 GDP 的比重（X21）	0.01307363
林业国家投资（X22）	0.08395509
林业固定资产（X23）	0.22909989
林业实际利用外商投资（X24）	0.67387139

表6-5 林业产业中评价指标相对于总目标层的权重值

Tab. 6-5 The index weight of evaluation indictors relative
to the total target layer

评价指标	权重
林业产业市场占有率（X1）	0.06221888
产品销售收入（X2）	0.06497067
林业总产值（X3）	0.03623819
林业总产值与地方经济总产值比重（X4）	0.02118639
劳动生产率（X5）	0.04920884
林业从业人员比重（X6）	0.04392911
林业系统在岗职工年平均工资（X7）	0.00995410
林业第二产业产值所占比重（X8）	0.02148710
林业第三产业产值所占比重（X9）	0.02267275
林业站数量（X10）	0.01589009
教育经费投入（X11）	0.01455408
林业高等学校普通本、专科学生毕业人数（X12）	0.02224579
铁路网密度（X13）	0.02567772
GDP 占全国比重（X14）	0.02502693
森林蓄积量（X15）	0.06434808
林业用地面积（X16）	0.03698714
森林覆盖率（X17）	0.01832870
各地区林业重点生态造林面积（X18）	0.03889381
各地区林业系统自然保护区面积（X19）	0.08536873
森林公园面积（X20）	0.04586733

评价指标	权重
地方财政收入占 GDP 的比重（X21）	0.00359454
林业国家投资（X22）	0.02308308
林业固定资产（X23）	0.06299000
林业实际利用外商投资（X24）	0.18527794

（三）我国林业产业省际区域竞争力静态测度

1. 外显竞争力测度

利用前文的评价方法对显性竞争力进行测评，测评结果见表 6 - 6，从测评结果一览表中可以看出，各地区林业产业外显竞争力还是有着不小的差距，外显竞争力最强的广西壮族自治区其外显竞争力指数为 0.78958462，而外显竞争力最弱的青海省的外显竞争力指数仅为 0.00282553，前者比后者高 99.64%。从显性竞争力指数来看，广西壮族自治区、福建、山东、江苏、浙江、广东、吉林、安徽、江西、海南及湖南排名靠前，林业产业的外显竞争力较强，其中除广西壮族自治区外，福建、山东、江苏林业产业的外显竞争力较为接近，比下一个排名省份浙江高出 30% 多，可视为第一集团，而后面 3 个省份林业产业外显竞争力测评指数为 20% ~30%，差距不是很明显，可视为第二集团。

就各个省（直辖市、自治区）的具体情况而言，广西壮族自治区外显竞争力位居全国第 1 位，福建省和江苏省的外显竞争力分别居于全国第 2 位和第 4 位，两个省份的外显竞争力指数比较接近，说明两省显性竞争力存在相似性，从直观数据来看，两省远高于其他省份，具有显著的显性竞争力；山东省的外显竞争力排名位于第 3 位，其优势主要源于相对强劲的产业盈利能力和其资源优势；位居第 5 位的浙江省，和位列第 6 位、第 8 位的广东、安徽相近，广东的林业产业主要受产业出口低迷、生产成本升高等因素的影响，导致产业盈利能力的空间明显收缩，同时，产能过剩也造成广东省林业产业实力发展相对缓慢，安徽省林业产业起步较晚，但其产业发展比较平稳，排名进入前 10 位，但其产业规模偏小，规模以上企业所占比例少；排名第 9 位的江西省，是名副其实的后起之秀，但产业的整体规模增长快速，产业盈利能力较强，江西林业产业的发展速度在一定程度上弥补了产业基础缺陷，加上产业的盈利水平高，明显推高了江西林业产业竞争力排名；北京虽然林产业资源基础较弱，但由于其资金和市场需求方面实力雄厚，交通运输环境等优越，北京主要依赖于其良好的基础设施与发达的经济，一定程度上弥补了资源条件的不足，在林产品销售收入和市场占有率方面的外显竞争力有一定优势；而作为传统林业产业强省的黑龙江，显性竞争力排名竟位列第 14 名，产业实力和产业盈利能力相对比较弱，黑龙江省林业产业正处于转型期，产业规模的基数大，但企业的盈利能力弱，严重影响了显性竞争力的排名。

表 6 - 6　林业产业外显竞争力在全国各省（直辖市、自治区）测评结果一览

Tab. 6 - 6　**The results list of explicit competitiveness of**

forestry industry of all over the country

省（直辖市、自治区）	最优距离 $D+$	最劣距离 $D-$	竞争力指数 C_i	排序结果
北京	0.22752593	0.06507010	0.22238887	13
天津	0.28093847	0.00250829	0.00884925	28
河北	0.23545995	0.05085703	0.17762493	16
山西	0.27766444	0.00982742	0.03418331	26
内蒙古	0.26091406	0.02320156	0.08166240	22
辽宁	0.23631319	0.05278754	0.18259220	15
吉林	0.16709283	0.12395267	0.42588760	7
黑龙江	0.23652939	0.05351386	0.18450303	14
上海	0.27961145	0.00781452	0.02718796	27
江苏	0.13229689	0.15896927	0.54578695	4
浙江	0.16765793	0.12902247	0.43488706	5
安徽	0.17537630	0.11016880	0.38581927	8
福建	0.12705256	0.17735519	0.58262378	2
江西	0.19671533	0.10129896	0.33991310	9
山东	0.12980929	0.16268526	0.55619928	3
河南	0.24831802	0.04056916	0.14043253	19

省（直辖市、自治区）	最优距离 $D+$	最劣距离 $D-$	竞争力指数 C_i	排序结果
湖北	0.25020733	0.04405615	0.14971667	18
湖南	0.22716497	0.07092239	0.23792486	11
广东	0.18209365	0.13718962	0.42967996	6
广西	0.06821818	0.25598900	0.78958462	1
海南	0.25516745	0.09339375	0.26794076	10
重庆	0.27285740	0.01725018	0.05946132	24
四川	0.22763812	0.06719751	0.22791515	12
贵州	0.26068746	0.03106972	0.10649170	20
云南	0.24293058	0.04769398	0.16410858	17
陕西	0.27301904	0.01762053	0.06062674	23
甘肃	0.27598652	0.01444543	0.04973773	25
青海	0.28308000	0.00080749	0.00282553	29
新疆	0.26960669	0.02981783	0.09958378	21

2. 核心竞争力测度

就全国各省（直辖市、自治区）林业产业的核心竞争力测评结果而言，核心竞争力较强省（直辖市、自治区）的地域分布跨度大，涵盖了华南、华东、华北、东北的多省（直辖市、自治区）；在核心竞争力排名中，浙江居首，黑龙江、江苏、上海、广东、四川、吉林、湖南、山东与福建占据前十，情况特殊的是，内蒙古居于 11 位较靠前，而产业大省辽宁仅位列第 23 位。结果见表 6-7。

表 6-7 林业产业核心竞争力全国各省（直辖市、自治区）测评结果一览

Tab. 6-7 The results list of core competitiveness of forestry industry of all over the country

省（直辖市、自治区）	最优距离 $D+$	最劣距离 $D-$	竞争力指数 C_i	排序结果
北京	0.24573798	0.10958683	0.30841311	12
天津	0.26776013	0.04258247	0.13721116	28
河北	0.23501767	0.08092876	0.25614710	18
山西	0.27167671	0.04831157	0.15097919	27
内蒙古	0.23210013	0.11714161	0.33541698	11

省（直辖市、自治区）	最优距离 $D+$	最劣距离 $D-$	竞争力指数 C_i	排序结果
辽宁	0.24746057	0.06465481	0.20715036	23
吉林	0.22309454	0.14066342	0.38669510	7
黑龙江	0.20633112	0.19305963	0.48338533	2
上海	0.20692659	0.15373453	0.42625757	4
江苏	0.17629395	0.15427242	0.46669122	3
浙江	0.16842566	0.20138031	0.54455668	1
安徽	0.24439397	0.07513820	0.23515065	20
福建	0.21173949	0.11593170	0.35380500	10
江西	0.23306048	0.09581873	0.29134930	14
山东	0.21224020	0.12222344	0.36543118	9
河南	0.23991148	0.09891049	0.29192466	13
湖北	0.24451926	0.07363192	0.23143689	21
湖南	0.21755642	0.13040519	0.37476890	8
广东	0.20072600	0.14265043	0.41543455	5
广西	0.24794845	0.07222186	0.22557327	22
海南	0.23466881	0.09145121	0.28042195	16
重庆	0.24365191	0.08347099	0.25516705	19
四川	0.21332905	0.13466297	0.38697144	6
贵州	0.24658069	0.09832891	0.28508603	15
云南	0.23489713	0.08247035	0.25985760	17
陕西	0.25833128	0.05369158	0.17207580	25
甘肃	0.26006134	0.05602064	0.17723452	24
青海	0.29176217	0.01728730	0.05593700	29
新疆	0.25786297	0.05086595	0.16475927	26

就各省（直辖市、自治区）的实际情况而言，从各省（直辖市、自治区）核心竞争力指数可以得出，前3名呈现较为明显的聚类分布；浙江、黑龙江、江苏之间的竞争力指数比较接近，竞争力数值基本平衡，差值在0.01～0.02，分列第1、第2、第3的位置；山东在核心竞争力层面在华北地区具有明显优势，山东领先于河南、河北、天津等地；内蒙古的林业第二产业企业数量较少，但大部分企业的经营业绩良好，资源也比较丰富，成本费用低，在全国仅次于山东、福建，加之规模以上企业占主体，使其排名升至11；辽宁在东北地区的

排名最低，主要受制于企业科技投入低，缺少创新活力，以及林业第三产业发展程度低等，虽然南接京津唐经济圈，北邻东北林区，但是林业教育、技术、人才方面还是显得较弱；福建省靠近广东，其成熟的经济环境和广阔的市场条件，以及本省丰富的森林资源，都提升了福建省的核心竞争力排名；湖南省的核心竞争力布局比较均衡，排名第8，作为新兴的产业大省，湖南企业的盈利水平较高；而作为传统产业大省的河北、辽宁，其排名仅位列第18、第23，两省的林业产业核心竞争力与其他省份拉开了距离，必须引起足够的重视；青海省在林业产业方面的核心竞争力居于末端，由于地理位置、技术水平、人才、教育以及经济基础等多重限制，林业产业的发展还着重依靠基础资源（水、林）以及国家政策扶持等粗放式发展，还需大力增强技术创新的拉动效应。

3. 基础竞争力测度

我国林业产业中，基础竞争力的测评结果表明，全国各省（直辖市、自治区）中，林业产业的基础竞争力和外部竞争力是不对称的，有些省（直辖市、自治区）的显性竞争力较强，但其基础竞争力则偏弱，反之，显性竞争力较弱的省（直辖市、自治区），其基础竞争力较强。我国林业产业基础竞争力位居前10的省（直辖市、自治区）是福建、广西、内蒙古、黑龙江、四川、吉林、浙江、青海、江苏和广东，而排名靠后的湖北、贵州、海南、安徽和重庆5省市，虽然靠近森林资源充足的西南林区，但这些优势并不能带来强劲的基础竞争力，除陕西和云南外，西北、华北和东北大部分地区具有较强的基础竞争力，原因在于资源竞争力和生态工程建设的影响明显。同时，传统产业大省山东、江苏在基础竞争力方面的优势明显相对减弱，排名比较靠后，而河北以及辽宁两省的基础竞争力优势并不显著，排名分别为第20和第23。结果见表6-8。

从各个省（直辖市、自治区）具体情况来看，广西、四川在林业产业基础设施竞争力、整体经济竞争力与生态环境竞争力不占优势的情况下，基础竞争力仍然能排在第2位和第5位，主要依赖其丰富的森林资源与水资源等资源禀赋条件；广东和北京主要依赖其良好的基础设施与发达的经济，一定程度上弥补了资源条件的不足，分列第10位和第13位。山东省虽然在基础设施和经济方面有一定的竞争优势，但由于其森林资源与水资源的匮乏，致使其基础竞争力排在第11位，河南省由于森林蓄积量不足、平均劳动报酬低，经济竞争力也不够强，经济发展非常不平衡，河南省的基础竞争力排名仅为第22；另外，内蒙古、黑龙江等省（直辖市、自治区），不仅森林资源等资源丰富，并且在我国对中西部地区林业重点工程建设扶持力度逐渐加大的形势下，基础设施建设也在不断完备，生态建设也高于东部发达省（直辖市、自治区），地区基础竞争力排名非常高。由于本文基础竞争力权重和相对指标（投入和产出的比率问题）设置等因素，结果显示样本期内北京、上海等基础竞争力处于中等水平，说明北京、上海一定程度的生态建设投入产出率较好，虽然自然基础薄弱，但因林业资源投入少、成本低，近几年非常注重生态绿化基础建设和环境改善，取得了一定的效果。

表6-8 林业产业基础竞争力全国各省（直辖市、自治区）测评结果一览

Tab. 6-8 The results list of basic competitiveness of

forestry industry of all over the country

省（直辖市、自治区）	最优距离 $D+$	最劣距离 $D-$	竞争力指数 C_i	排序结果
北京	0.830118109231604	0.207000093199288	0.19959161	13
天津	0.887772394386924	0.100434602048338	0.10163316	29
河北	0.834710516593128	0.141823196530776	0.14523123	20
山西	0.856532377452499	0.103658698334860	0.10795632	28
内蒙古	0.764109158346378	0.329113349381398	0.30104882	3
辽宁	0.838198989987831	0.134848214786397	0.13858343	23
吉林	0.787060429753811	0.271160366624086	0.25624177	6
黑龙江	0.779644770736869	0.308661615066441	0.28361647	4
上海	0.867334224255377	0.195862805807221	0.18422061	15
江苏	0.792622917154537	0.245740018224045	0.23666101	9
浙江	0.792194308691167	0.261958396243051	0.24850137	7
安徽	0.836903389656494	0.144773053128588	0.14747533	19
福建	0.540486710872176	0.656168061065303	0.54833531	1
江西	0.793154313335258	0.192077594714827	0.19495673	14

省（直辖市、自治区）	最优距离 $D+$	最劣距离 $D-$	竞争力指数 C_i	排序结果
山东	0.808176760834394	0.232239050199746	0.22321753	11
河南	0.837471925216924	0.139672825560362	0.14293975	22
湖北	0.832757472009334	0.117880680874208	0.12400163	26
湖南	0.823146817840344	0.177070595224736	0.17703211	16
广东	0.798048133990420	0.247417179778931	0.23665747	10
广西	0.645364967624174	0.428296839014862	0.39891224	2
海南	0.867746255921024	0.145444936455239	0.14355132	21
重庆	0.858905862988126	0.108140293430465	0.11182537	27
四川	0.757480839831496	0.281879049321688	0.27120447	5
贵州	0.851390979542380	0.125607777202418	0.12856493	24
云南	0.811342664801833	0.222224565959650	0.21500736	12
陕西	0.847228743234602	0.121433585730169	0.12536214	25
甘肃	0.825793430041082	0.146642143123193	0.15079883	18
青海	0.844696173337558	0.267056182114612	0.24021193	8
新疆	0.828377180624651	0.171278263532880	0.17133730	17

4. 产业环境竞争力测度

全国各省（直辖市、自治区）林业产业环境竞争力的测评结果显示，福建省在产业环境竞争力方面具有显著的竞争优势，环境竞争力指数达到0.67553168，高出位列第2的广西近30%，北京、内蒙古、黑龙江、四川和江西分列第3位至第7位，环境竞争力指数均超出0.10，也具有相对较强的产业环境竞争力。结果见表6-9。

表6-9 林业产业环境竞争力全国各省（直辖市、自治区）测评结果一览

Tab. 6-9 The results list of industry environment competitiveness of forestry industry of all over the country

省（直辖市、自治区）	最优距离 $D+$	最劣距离 $D-$	竞争力指数 C_i	排序结果
北京	0.64272224	0.11447091	0.15117795	3
天津	0.68196796	0.01270443	0.01828838	29
河北	0.67114909	0.03440398	0.04876172	20
山西	0.66587188	0.04597861	0.06459026	12

省（直辖市、自治区）	最优距离 $D+$	最劣距离 $D-$	竞争力指数 C_i	排序结果
内蒙古	0.64712046	0.10574042	0.14045147	4
辽宁	0.66880031	0.06386635	0.08716972	8
吉林	0.65808202	0.04789181	0.06783793	9
黑龙江	0.65130584	0.09977640	0.13284351	5
上海	0.67927317	0.04227591	0.05859048	15
江苏	0.64592136	0.04433349	0.06422771	13
浙江	0.64789099	0.04646829	0.06692255	10
安徽	0.67202516	0.01451828	0.02114692	27
福建	0.29459294	0.61333216	0.67553168	1
江西	0.63500652	0.08932188	0.12331682	7
山东	0.66926481	0.02797082	0.04011673	22
河南	0.66290731	0.02257194	0.03292870	25
湖北	0.65670178	0.03159776	0.04590699	21
湖南	0.66858146	0.03628874	0.05148287	19
广东	0.66753558	0.02539206	0.03664460	24
广西	0.46618114	0.32245935	0.40888004	2
海南	0.68052962	0.01639223	0.02352090	26
重庆	0.66936329	0.04047512	0.05702019	16
四川	0.64087862	0.09441166	0.12840053	6
贵州	0.66912681	0.03835107	0.05420815	17
云南	0.66686305	0.04256630	0.06000076	14
陕西	0.66943595	0.03688913	0.05222684	18
甘肃	0.65837176	0.04592623	0.06520852	11
青海	0.67470887	0.01424482	0.02067602	28
新疆	0.67438302	0.02798258	0.03984047	23

从各省（直辖市、自治区）的具体情况来看，福建、广西在国家财政支持和金融资本方面具有压倒性的优势，遥居全国第 1 和第 2 位；天津市林业产业规模较小，政府对林业经济的干预力度小，致使其产业环境竞争力仅排在第 29 位；内蒙古、江苏、黑龙江和四川仍然依靠其较强的政策制度环境排在前列；北京市林业产业环境竞争力

仅次于广西，排在第 3 位，也是凭借其制度环境竞争力方面的出色表现；上海、重庆虽然在制度环境方面也有一定的竞争力，但受制于本身林业产业发展，导致最终的环境竞争力排名比较靠后。安徽省意外排在第 27 位，说明其林业产业环境还不够完善，林业产业固定资产投资和外商投资不具有强烈吸引力，需要进一步加强。

5. 林业产业综合竞争力测度

从全国林业产业综合竞争力测评结果来看，福建、广西仍然牢牢占据了前两名的位置，青海省的综合竞争力水平随后，黑龙江、吉林、内蒙古、四川和浙江，则在前 10 名中排在第三阶梯，综合竞争力指数较为接近；而云南、江西、北京、上海、湖南、河北与辽宁等林业产业在林业产业综合竞争力方面表现不足，都跌出前 10，其中北京、上海、辽宁与河北的综合竞争力指数都低于 0.10，综合竞争力没有表现出与其林业产业发展程度相匹配的地位。

① 构造全部指标归一化矩阵（见表 6 - 10）。

表 6 - 10　归一化矩阵

Tab. 6 - 10　The normalized matrix

X1	X2	X3	X4	X5	X6	X7	X8
0.037352812	0.053086547	0.00511982	0.006578947	0.007999356	0.008474576	0.071361711	0.006134963
0.002134446	0.001300882	0.000772378	0.006578947	0.018917854	0.005649718	0.046094089	0.006134963
0.021107303	0.026357689	0.032976403	0.026315789	0.029292875	0.028248588	0.031549622	0.041922248
0.000474321	0.000458958	0.007733067	0.013157895	0.007606328	0.002824859	0.028099812	0.011247432
0.011976616	0.01198527	0.009316383	0.019736842	0.001772711	0.101694915	0.028484685	0.028629828
0.021937366	0.022044256	0.038281701	0.026315789	0.035567337	0.011299435	0.026567218	0.030674815
0.08988391	0.064347404	0.032492601	0.052631579	0.006133345	0.121468927	0.024563768	0.056237161
0.020988723	0.020833466	0.030588971	0.039473684	0.00221389	0.144067797	0.017376424	0.043967235
0.000474321	0.000397216	0.008252507	0.006578947	0.108028046	0.011299435	0.105931832	0.056237161
0.091544035	0.105414102	0.073889454	0.026315789	0.090324266	0.039548023	0.023404898	0.062372124
0.058341535	0.063972721	0.087604706	0.046052632	0.165918707	0.008474576	0.061011358	0.059304643
0.072334017	0.071266713	0.03415671	0.032894737	0.033061051	0.016949153	0.024526022	0.048057211
0.106366579	0.07402548	0.086189022	0.092105263	0.071435569	0.048022599	0.036888534	0.069529581
0.049210848	0.038045315	0.045907492	0.072368421	0.016769608	0.050847458	0.02233983	0.034764791
0.092255517	0.0988076	0.087077788	0.032894737	0.077203876	0.016949153	0.032134202	0.049079704
0.015178286	0.016136335	0.031804326	0.019736842	0.025631995	0.002824859	0.020169743	0.034764791

我国林业产业区域竞争力评价研究

X1	X2	X3	X4	X5	X6	X7	X8
0. 010790812	0. 011406213	0. 032118641	0. 032894737	0. 024226655	0. 014124294	0. 02300281	0. 037832272
0. 023004589	0. 021772212	0. 050152424	0. 046052632	0. 022348981	0. 019774011	0. 026993433	0. 041922248
0. 060950303	0. 050255134	0. 110881305	0. 026315789	0. 078835469	0. 02259887	0. 037699387	0. 072597063
0. 154154463	0. 188941446	0. 051117972	0. 065789474	0. 02568331	0. 019774011	0. 027244505	0. 050102198
0. 006047598	0. 005296854	0. 013673026	0. 098684211	0. 044544017	0. 073446328	0. 029154591	0. 035787284
0. 001660125	0. 001698028	0. 011363206	0. 019736842	0. 032692514	0. 005649718	0. 032417219	0. 022494865
0. 023123169	0. 02374976	0. 048786748	0. 039473684	0. 021222377	0. 062146893	0. 030841969	0. 035787284
0. 008656366	0. 008220884	0. 011885963	0. 032894737	0. 009429187	0. 025423729	0. 026365181	0. 023517358
0. 017312732	0. 017670358	0. 02456831	0. 039473684	0. 012560587	0. 042372881	0. 032603557	0. 022494865
0. 001304384	0. 001401891	0. 012025474	0. 019736842	0. 007727618	0. 02259887	0. 031838941	0. 008179951
0. 000830062	0. 000528874	0. 00634325	0. 019736842	0. 00392912	0. 036723164	0. 031053466	0. 004089975
0. 0000119	0. 00000102	0. 000461746	0. 006578947	0. 000967993	0. 002824859	0. 032438172	0. 00000102
0. 000592902	0. 000577376	0. 014458608	0. 032894737	0. 017956858	0. 033898305	0. 037843022	0. 006134963

X9	X10	X11	X12	X13	X14	X15	X16
0. 084942085	0. 006374268	0. 037846591	0. 054150112	0. 11237570	0. 03263505	0. 00090330	0. 00360369
0. 027027027	0. 005209516	0. 018349438	0. 019800785	0. 09181265	0. 02054088	0. 00016460	0. 00050204
0. 015444015	0. 044068692	0. 041486509	0. 025692759	0. 04134023	0. 04849036	0. 00717427	0. 02425046
0. 015444015	0. 041608974	0. 025665704	0. 023325157	0. 02859758	0. 02096435	0. 00665316	0. 02629586
0. 054054054	0. 024957476	0. 022651267	0. 021685775	0. 02292013	0. 02494990	0. 10841906	0. 15903396
0. 023166023	0. 035024389	0. 030689255	0. 019750251	0. 04864851	0. 04176120	0. 01803889	0. 02359533
0. 046332046	0. 023866693	0. 020177236	0. 028741139	0. 03774290	0. 01978096	0. 07882206	0. 03001721
0. 054054054	0. 029422873	0. 023300697	0. 11953558	0. 02083264	0. 02502618	0. 13812827	0. 07652573
0. 015444015	0. 003681396	0. 035016739	0. 025185211	0. 11070904	0. 04056904	0. 00006812	0. 00018899
0. 023166023	0. 031683864	0. 075017668	0. 078906335	0. 03115347	0. 09418181	0. 00282267	0. 00420536
0. 030888031	0. 041404452	0. 059857949	0. 064978767	0. 02363957	0. 06446520	0. 01400325	0. 02394635
0. 030888031	0. 030968037	0. 034696215	0. 014331179	0. 03710557	0. 02810942	0. 01165412	0. 01546698
0. 007722008	0. 03200769	0. 02541013	0. 018142426	0. 02588688	0. 03359457	0. 04421737	0. 03297068
0. 069498069	0. 035501607	0. 027212492	0. 021698575	0. 02864384	0. 02121083	0. 03458652	0. 03798230
0. 011583012	0. 056891198	0. 063594842	0. 025992213	0. 04751904	0. 09217565	0. 00472986	0. 01147875
0. 023166023	0. 063271261	0. 043577315	0. 062040724	0. 04669561	0. 05360882	0. 01041224	0. 01744389
0. 046332046	0. 031059049	0. 03364918	0. 027612616	0. 02735767	0. 03573987	0. 01758723	0. 02885204
0. 065637066	0. 070225008	0. 037289894	0. 084268693	0. 02589833	0. 03566562	0. 02966116	0. 04365014
0. 015444015	0. 036848044	0. 086819666	0. 036026444	0. 02675960	0. 10745371	0. 02757763	0. 03841074
0. 011583012	0. 036518422	0. 02727752	0. 023514274	0. 01976366	0. 02184674	0. 04017406	0. 05208649
0. 007722008	0. 003772408	0. 00748273	0. 016096565	0. 02825118	0. 00468352	0. 00685717	0. 00732571
0. 069498069	0. 031263571	0. 023111545	0. 028488909	0. 02480027	0. 01739698	0. 00955882	0. 01395197
0. 081081081	0. 075491449	0. 052714027	0. 021099447	0. 01282139	0. 03924945	0. 14705690	0. 08287127
0. 069498069	0. 049943245	0. 057370471	0. 01119122	0. 01777602	0. 01069969	0. 02021593	0. 02918451
0. 015444015	0. 047557155	0. 030003815	0. 05178251	0. 01199756	0. 01740436	0. 14088577	0. 08872852
0. 019305019	0. 038563642	0. 022694141	0. 032744813	0. 03477636	0. 02225416	0. 03079487	0. 04
0. 030888031	0. 035967576	0. 012836856	0. 021499969	0. 00676833	0. 00971947	0. 01758432	0. 03387807
0. 011583012	0. 009584241	0. 00766143	0. 013215235	0. 00367456	0. 00302484	0. 00357731	0. 02503859
0. 023166023	0. 027263803	0. 01653868	0. 008502318	0. 00373172	0. 01279738	0. 02767109	0. 02699511

X17	X18	X19	X20	X21	X22	X23
0.03167804	0.00416220	0.00152262	0.00493812	0.06319906	0.05651592	0.09710334
0.00953365	0.00173772	0.00061048	0.00016410	0.03606507	0.00489271	0.00385306
0.02363143	0.06637547	0.00587798	0.03046720	0.02689458	0.03518566	0.01599016
0.01600849	0.05656419	0.01378089	0.03268414	0.03830226	0.03512239	0.03355839
0.02211448	0.15345800	0.12762142	0.07154743	0.02948714	0.09793171	0.04914458
0.03978115	0.03289499	0.01506576	0.01435239	0.03460374	0.06402817	0.02026729
0.04487861	0.00924168	0.02753610	0.15846655	0.02484182	0.04130845	0.03105074
0.04788093	0.03434358	0.04017072	0.12203512	0.02565150	0.07824136	0.06972414
0.00783394	0.00044111	0.00028968	0.00012880	0.06557007	0.00333248	0.00745290
0.01072328	0.01380514	0.00347338	0.00569433	0.04343563	0.00562828	0.03331012
0.06527511	0.00382770	0.00144640	0.02419728	0.04135748	0.02997830	0.00558098
0.02929712	0.01058613	0.00633480	0.00899060	0.03048950	0.01184072	0.00862646
0.07331840	0.00720551	0.00718883	0.01254089	0.03105010	0.01523598	0.00531711
0.06660264	0.03109860	0.01253869	0.03024169	0.02829207	0.08159483	0.01114318
0.01781121	0.03021542	0.01111804	0.02331085	0.03465233	0.02596678	0.01379289
0.02146816	0.04619893	0.00590630	0.01829179	0.02582474	0.01316654	0.01850735
0.03403903	0.03437339	0.01151823	0.02469660	0.02658667	0.02411329	0.01464251
0.04999934	0.02804999	0.01747991	0.02285744	0.02462935	0.03469471	0.02169964
0.05603056	0.00982417	0.02889296	0.06451254	0.03547533	0.02170437	0.00659821
0.05567168	0.02422974	0.01770830	0.01661235	0.03669622	0.03779261	0.28594995
0.05890494	0.00379316	0.00293564	0.00897581	0.03922952	0.00768181	0.00456294
0.03425170	0.02757623	0.00935416	0.01167869	0.03490386	0.03567436	0.02532170
0.03789037	0.07167630	0.09813769	0.04773871	0.03228728	0.06171896	0.07692473
0.03288595	0.03159133	0.01104798	0.01611654	0.03704658	0.02972979	0.02812819
0.05189012	0.08349394	0.03613635	0.00949839	0.03874787	0.03529948	0.02732562
0.04098739	0.06623256	0.01220927	0.01947028	0.03169785	0.03362897	0.02313609
0.01024477	0.04671619	0.09615794	0.05653932	0.02345680	0.03790841	0.03236772
0.00523038	0.01849090	0.25674328	0.06409739	0.02676640	0.01336859	0.01282927
0.00413712	0.05179575	0.12119621	0.07915466	0.03275918	0.02671438	0.01609075

②权重矩阵。

$$W = [0.06 \quad 0.06 \quad 0.04 \quad 0.02 \quad 0.05 \quad 0.04 \quad 0.01 \quad 0.02$$

$$0.02 \quad 0.02 \quad 0.01 \quad 0.02 \quad 0.03 \quad 0.03 \quad 0.06 \quad 0.04 \quad 0.02 \quad 0.04$$

$$0.08 \quad 0.05 \quad 0.00 \quad 0.02 \quad 0.06 \quad 0.18]$$

③计算最优方案（向量）$Z+$。

$$Z+ = [0.009441918 \quad 0.012378798 \quad 0.0039169 \quad 0.001946901$$

$$0.00793873 \quad 0.005761293 \quad 0.001032119 \quad 0.010598896 \quad 0.001868962$$

0.001121237　0.001211484　0.002397901　0.00281285　0.004054564

0.00922441　0.005740076　0.001309973　0.00489188　0.021434391

0.007085308　0.000229757　0.002213577　0.016789606　0.092326538]

最劣方案（向量）$Z-$

$Z- = [$0.00000011　0.00000012　0.00001631　0.00012780

0.00004633　0.00011932　0.00016931　0.00000004　0.00014571

0.00005754　0.00006889　0.00023141　0.00009198　0.00001168

0.00000427　0.00000682　0.00007392　0.00002001　0.00002417

0.00000576　0.00008219　0.00007317　0.00026791　0.00008083]

④分别对各评价对象的所有各指标值与最优方案及最劣方案的距离 $D+$、$D-$，和竞争力指数 C_i 值进行计算（见表 6 – 11）。

表 6 – 11　林业产业综合竞争力全国各省（直辖市、自治区）测评结果一览

Tab. 6 – 11　The results list of comprehensive competitiveness

of forestry industry of all over the country

省（直辖市、自治区）	最优距离 $D+$	最劣距离 $D-$	竞争力指数 C_i	排序结果
北京	0.118213223241688	0.00817485922572982	0.06468062	16
天津	0.119502962898092	0.00255549833030664	0.02093667	29
河北	0.118120882062959	0.00496357446830407	0.04032657	21
山西	0.118700571807831	0.00387241000834106	0.031592688	26
内蒙古	0.114393493291228	0.0169677951647555	0.129168915	4
辽宁	0.118364241541572	0.00463323079821198	0.037669317	23
吉林	0.115560829309457	0.0132282572288114	0.10271256	7
黑龙江	0.117159215978163	0.0143134564521257	0.10887020	6
上海	0.119113244077915	0.00625161937205073	0.04986740	18
江苏	0.113305201186514	0.0121450048455363	0.096811358	9
浙江	0.112431857035208	0.0125467558105432	0.100391223	8
安徽	0.117045726087915	0.00729951122606850	0.058703585	17
福建	0.0321833978529303	0.114095235728253	0.779985654	1
江西	0.110855200293627	0.0102882124660847	0.084925893	12
山东	0.116825828237766	0.0106577497886186	0.083600962	13
河南	0.116394605656039	0.00484535742265728	0.039965019	22

省（直辖市、自治区）	最优距离 $D+$	最劣距离 $D-$	竞争力指数 C_i	排序结果
湖北	0.115077164742442	0.00544078090946511	0.045144986	19
湖南	0.117762533702858	0.00555822546104420	0.045071288	20
广东	0.115684176212430	0.00973274695114899	0.077603139	14
广西	0.0892115588816354	0.0370648996368923	0.293521849	2
海南	0.119024351989582	0.00459197610853977	0.037147003	24
重庆	0.118865850148045	0.00333466801091203	0.027288493	28
四川	0.114829255281289	0.0151414626009015	0.11649903	5
贵州	0.118754314101065	0.00378816820213939	0.030913102	27
云南	0.117462203851797	0.0112047893651911	0.087083634	11
陕西	0.118459468219061	0.00446291021538637	0.036306735	25
甘肃	0.115894410151693	0.00949329855295302	0.075711556	15
青海	0.116713409056419	0.0221381129167642	0.159437308	3
新疆	0.117461743000153	0.0114987587751592	0.089164966	10

　　就各省（直辖市、自治区）的实际情况而言（见表6－12），福建和广西具有超强的综合竞争力，其中福建在产业环境竞争力和综合竞争力方面均排第1，而广西在外显竞争力方面排名第1；青海各方面实力存在很大差距，除基础竞争力排名第8外，其他均列倒数，综合竞争力排名第3；内蒙古各方面实力存在稍大差距：外显竞争力排在第22，而基础竞争力位居第3，综合竞争力位列第4；黑龙江、吉林各方面的实力比较均衡，综合竞争力位列第6和第7，但吉林、黑龙江通过进一步加强基础竞争力、核心竞争力，未来将对内蒙古第5的位置构成威胁；吉林的综合竞争力测评结果具有一定的代表性，是资源密集型地区，吉林森林资源丰富，拥有吉林森工等大型国企，企业规模大，基础竞争力和显性竞争力强；吉林、黑龙江作为东北地区综合竞争力排在前10的林业大省，其外显竞争力还显得有些不足；四川省的林业产业的外部竞争力、核心竞争力和产业环境竞争力，均在中等偏上，而且，林业产业基础竞争力很强，提升了整体竞争力，因此综合竞争力排名位列第5；浙江省虽然在核心竞争力方面居全国

第1，其显性竞争力排名为第5，与内蒙古、四川存在较大差距，但仍然保住了第8的位置；江西省的核心竞争力和基础竞争力排名虽然不高，但是该省其他方面都比较靠前，加之产业结构相对合理，单元企业的经营业绩良好，综合竞争力的最终排名占据第12的位置；山东省是传统的林业第二产业大省，但其基础竞争力、产业环境竞争力排名均跌出前10，但山东拥有教育资源及技术、发达的经济支撑，从而外显竞争力、核心竞争力皆进入前10，拉动了综合竞争力排名；甘肃与山东的综合竞争力结构布局恰好相反，甘肃在基础竞争力、产业环境竞争力方面有较好的表现，但受外显竞争力、核心竞争力的拖累，综合竞争力排名位列第15；河北、辽宁两者均没有进入前10，特别是辽宁的排名竟滑落至第23，分析其原因，主要是由于辽宁省产品结构不合理，技术含量不高，低端产品的比重高，造成其平均价格偏低，影响了全省林业的产值和销售收入，加之产业盈利能力偏弱，导致其核心竞争力和显性竞争力分别位列第23和第15，而且传统基础资源的利用不合理，基础竞争力也比较落后，从而影响了其综合竞争力排名。

表6-12 林业产业综合竞争力各构成要素全国各省（直辖市、自治区）测评结果排名一览

Tab. 6-12 The results list of all the components of comprehensive competitiveness of forestry industry of all over the country

省（直辖市、自治区）	外显竞争力	核心竞争力	基础竞争力	产业环境竞争力	综合竞争力
北京	13	12	13	3	16
天津	28	28	29	29	29
河北	16	18	20	20	21
山西	26	27	28	12	26
内蒙古	22	11	3	4	4
辽宁	15	23	23	8	23
吉林	7	7	6	9	7
黑龙江	14	2	4	5	6
上海	27	4	15	15	18
江苏	4	3	9	13	9
浙江	5	1	7	10	8

省（直辖市、自治区）	外显竞争力	核心竞争力	基础竞争力	产业环境竞争力	综合竞争力
安徽	8	20	19	27	17
福建	2	10	1	1	1
江西	9	14	14	7	12
山东	3	9	11	22	13
河南	19	13	22	25	22
湖北	18	21	26	21	19
湖南	11	8	16	19	20
广东	6	5	10	24	14
广西	1	22	2	2	2
海南	10	16	21	26	24
重庆	24	19	27	16	28
四川	12	6	5	6	5
贵州	20	15	24	17	27
云南	17	17	12	14	11
陕西	23	25	25	18	25
甘肃	25	24	18	11	15
青海	29	29	8	28	3
新疆	21	26	17	23	10

（四）我国林业产业竞争力差异性分析

基于我国林业产业竞争力加权平均处理后的数值测算分析结果，将 29 个地区林业产业竞争力测度结果根据数值特征分类，综合确定为最强梯队、强梯队、弱梯队和最弱梯队，见表 6 - 13。

表 6 - 13　我国林业产业竞争力分层梯队

Tab. 6 - 13　China's forestry industry competitiveness layered echelon

第一梯队	第二梯队	第三梯队	第四梯队
福建、广西、青海、内蒙古、四川	黑龙江、吉林、浙江、江苏、新疆、云南、江西、山东、广东	甘肃、北京、安徽、上海、湖南、湖北、河北、河南	辽宁、海南、陕西、山西、贵州、重庆、天津
>0.779986	>0.108870	>0.075712	>0.037669
≥0.116500	≥0.077603	≥0.039965	≥0.020946

　　具体来说，本研究将我国 29 个省（直辖市、自治区）的竞争力水平分为四个梯队：第一梯队为福建、广西、青海、内蒙古、四川；第二梯队为黑龙江、吉林、浙江、江苏、新疆、云南、江西、山东、广东；第三梯队为甘肃、北京、安徽、上海、湖南、湖北、河北、河南；第四梯队为辽宁、海南、陕西、山西、贵州、重庆、天津。同时根据竞争力水平将四个梯队归为最强竞争力梯队、强竞争力梯队、弱竞争力梯队和最弱竞争力梯队，通过提取四个梯队的重要指标数据可以直观地分析各省（直辖市、自治区）竞争力强弱的关键因素，从总体上把握各个梯队的一般特征，见表 6 - 14。

表 6 - 14　2006—2012 年竞争力强弱不同的四类地区重要指标总体特征

Tab. 6 - 14　The general characteristics of important indicators of the four different categories areas in competitive strength from 2006 to 2012

重要指标	最强竞争力梯队	强竞争力梯队	弱竞争力梯队	最弱竞争力梯队
平均林业总产值/万元	8222357.4300	11834815.5222	5271525.2138	162115.2900
平均劳动生产率	207.6420	445.7900	272.7938	162.2100
平均林业第三产业产值所占比重	0.0860	0.0833	0.1013	0.0857
平均林业第二产业产值所占比重	0.3600	0.4422	0.3313	0.1929
平均林业市场占有率	0.0499	0.0451	0.0191	0.0051
平均森林蓄积量/万立方米	72527.1763	55049.6511	12544.4645	13920.0143
林业平均国家投资/万元	240605.2000	204859.1746	144198.0000	160236.3673
平均 GDP 占全国比重	0.0260	0.0536	0.0377	0.0210

　　通过表 6 - 14 可知，林业总产值能够从另一方面进行产业的竞争力的拓展，这一数据体现了竞争力的同向性，但其数据的比重却没有明确的规律可言，这表明我国的林业产业还相对比较落后，其竞争力没有对整体产业具有实际的影响。森林蓄积量跟竞争力有相关性，最强竞争力地区和强竞争力地区的森林蓄积量要高于其他两个；平均国家投资等表示了国家政策的导向性，平均数据结果随着竞争力强弱逐步减小，表明政策导向性对林业产业具有重要的影响；地区国内生产

总值占全国比重的数据显示出一个地区的经济发展水平对林业产业具有决定性作用，甚至在一定程度上可弥补原料资源的不足，最强竞争力地区和强竞争力地区的森林蓄积量就是典型的例证。不同的整体性特征表现得非常明显，但是，每个梯队内的每一个省又有其特征，所以文章将对每个梯队内每个省进行竞争力特点分析，探索产业竞争力的地区差异及成因。

1. 最强竞争力梯队特征分析

最强梯队的省（直辖市、自治区）排名，从高到低分别是福建、广西、青海、内蒙古、四川。这些省（直辖市、自治区）的林业产业竞争力很强，其中平均林业第三产业产值所占比重达到 0.0860，是产业升级优化的领导力量；显性竞争力方面，平均林业市场占有率为0.0499，占有绝对市场份额，市场条件优越；基础竞争力方面，平均森林蓄积量为 72527.1763 万立方米，基础资源保证发展可持续性；环境竞争力方面，林业平均国家投资为 240605.2000 万元，国家的大力政策支持与引导为其提供强大发展动力；该梯队拥有绝对的综合竞争优势特征。同时，竞争力强的原因有其一致性，也有各自独特的优势所在。

福建省是林业产业中相对较为发达的省份，其森林蓄积量在 2012年达到 48436.28 万立方米，林业 GDP 达到 3078 亿元，其中第二产业为 2403 亿元，而且林业总产值占地区 GDP 的 15.62%，具有相当的重要性。另外，福建地处东南沿海，区域经济十分发达，其环境由于林业产业的发展，很容易形成产业的繁荣。

广西的林业同样较为发达，森林面积达到了 1200 万公顷，是全国平均水平的 3 倍多。2012 年广西的林业固定资产金额达到 672 亿元，高于全国平均水平；广西在外资利用方面也达到 1.8 亿美元，这也是地区开放的林业政策和林业投资环境的综合体现，表明了林业产业在当地经济发展中的重要性。内蒙古自治区的基础竞争力排名为第3，产业环境竞争力排名第 4，但呈现出与核心竞争力不相符的态势，内蒙古的森林资源丰富，森林蓄积量和林业用地面积均远远高于全国平均水平，基础设施建设方面，随着铁路网密度和公路网密度以及贸易口岸发展，再加上产业环境竞争力的拉动，使内蒙古的综合竞争力不断上升；通过对四川省的数据对比，四川省的森林蓄积量处于全国前列，达到全国平均水平的3倍以上；另外林业固定资产达到了全国水平的3.70倍以上。

2. 强竞争力梯队特征分析

我国林业产业强竞争力梯队的省（直辖市、自治区）分别有黑龙江、吉林、浙江、江苏、新疆、云南、江西、山东、广东。该梯队的总体特征为在全国林业产业具有较强的竞争力，尤其在显性竞争力方面，平均林业总产值达到11834815.5222万元，平均林业第二产业产值所占比重为0.4422，均领先于最强竞争力，有较强的林业产出能力，但产业结构还有进一步优化空间；梯队总体经济环境最好，平均GDP占全国比重达到0.0536，平均劳动生产率为445.7900，均高于最强竞争力梯队。因为核心和基础竞争力还不足，因此不能算整体最强。总体上该梯队处于全国的中上游水平，容易相互取代。

黑龙江省、吉林省的林业发展格局比较相似，特点比较一致，同质性较强。黑龙江是我国东北林区的重要省份，森林资源丰富，具有多个大型的森工企业，并且与俄罗斯接壤，拥有外贸港口，而且教育人才以及国家制度支持力度大，但资源优势和地区位置并没有拉动其综合竞争力排名，其基础竞争力在全国都处于中下游水平，薄弱的基础设施已成为黑龙江省提升产业竞争力的严重阻力。所以，基础设施竞争力是林业产业发展的重要发力点。浙江省市场开放程度高、发育比较完善，外资利用额度为全国平均水平的1.89倍，另外林业总产值也都达到了3156亿元，在全国处于前列；另外一个占优势的领域就是教育科研投入高，经费数、教育经费数和劳动生产率等相关指标都优于全国水平，但其基础竞争力和产业环境竞争力的指数值都在全国后列，严重影响了产业的综合竞争力排名。江苏省是林业产业大省，外显竞争力、核心竞争力和产业环境竞争力的优势比较明显，就显性竞争力而言，其产业收入总额占全国比重高达21.55%，说明江苏企业的盈利能力强、绩效水平高以及占有很高的市场份额，决定了其第一的位置；江苏省在基础竞争力层面存在不足，资源竞争力层面的森林蓄积量仅为山东的一半，竞争力相对较低，这些因素影响了江苏的基础竞争力排名；江苏核心竞争力层面，江苏企业的科技投入水平较高，同时，江苏还需要进一步提升基础竞争力和核心竞争力来巩固第一的位置。云南省同广西一样是林业资源大省，蓄积量占全国的12.06%，但是云南省林业产业的发展有一定局限，比如经济带动能力较差，居民消费水平不高，林业产业的消费能力不足，地区教育水平有限，难以为当地提供相应的技术，另外云南省位于我国西南部，不具备区位优势。山东省的林业产业竞争力的综合排名虽然位居第4，但在基础竞争力和产业竞争力层面还有明显差距；山东的资源禀赋条件和国家政策支持较低；通过指标数据还可以看出山东省的林业产业发展优势在科技因素上具有优势，2012年的教育经费投入为13727939万元，林业高等学校年毕业普通本、专科学生人数为1500人，劳动生产率高于各个省（直辖市、自治区）的平均水平。广东省具有良好的自然和区位因素，在资源蓄积量上广东为30183.37万立方米，森林公园面积是全国平均水平的1.86倍；在技术优势上2012年广东的教育经费投入为1884亿元，是全国平均水平的2.56倍；广东省的林业总产值达到了4690亿元，是全国的3.46倍，其中第二产业的产值达到了全国的1.73倍；可以看出广东的竞争优势体现在劳动力素质和技术水平等方面。

3. 弱竞争力梯队特征分析

我国林业产业弱竞争力梯队的地区分别有甘肃、北京、安徽、上海、湖南、湖北、河北、河南。该梯队中湖北省的林业及其产业状况跟河南、河北比较相似，这里不再单独进行分析。该梯队在显性竞争力方面的林业总产值、第二产业产值平均劳动生产率和林业市场占有率，在资源基础竞争力方面的森林蓄积量水平以及环境竞争力的经济环境量值均处在强竞争力和最弱竞争力状态之间，均为中等偏下竞争水平，意外的是，平均林业第三产业产值所占比重达到0.1013，处于四个梯队中最好水平，产业结构不断优化，产业发展也在进行升级转型。总体上来说，这11个省（直辖市、自治区）的林业产业综合竞争力在全国处于中下游水平，但具备一定的竞争潜力。

上一个梯队的江西与安徽的产业综合竞争力布局有一定的相似性，其中江西、安徽两省除了外显竞争力能进入全国上游水平外，其余三个竞争力水平都处于全国中下游水平；就安徽省而言，制度环境竞争力是最弱的环节。河北、河南两省的经济发展水平差不多，气候条件也极其类似，而且林业产业的竞争力排名也相对靠近，这两个地区都处于我国的中北，气候干燥，林业产业资源也比不过前几个地区，不具备本体优势，两省呈现了一个相对较为均匀的局势，这种情况下，很难实现产业的长足发展。而北京、上海两个城市是我国经济水平最为发达的两个直辖市，这两个地区的经济环境非常好，且具有较高的科技水平以及劳动力素质，但是也需要注意到，两个城市的林业发展思路完全不同，因为两者的林业是以生态建设为目的的，注重功能性。而经济性较低，是造成其产业竞争力较低的重要原因，所以综合排名不是太高，另外直辖市都面临着规模较小、森林资源严重不足的现状。同样作为直辖市的天津（下一个梯队）林业发展格局比较相似，特点比较一致，下文不再赘述。湖南省林业的发展稍低于全国平均水平，其核心竞争力为林业产业的发展提供了一定基础。除此之外，全国平均林业站的数量为 908 个，而湖南省达到了 2038 个，表明其地区林业管理能力和科技投入能力较强，具有发展前景。

4. 最弱竞争力梯队特征分析

我国林业产业竞争力最弱竞争力梯队的地区分别有辽宁、海南、陕西、山西、贵州、重庆、天津。该梯队的林业产业竞争力最弱，尽管国家提供了资金投资与政策支持，由于梯队中林业产业面临基础资源和格局等绝对劣势条件，投入与产出严重不均衡，无论是森林蓄积量匮乏还是林业总产值低下，都严重阻碍了该梯队林业产业的经济和生态发展，需要对应其实际情况大力发展提升。

辽宁省与黑龙江省和吉林省有一定区别，主要表现在基础竞争力和核心竞争力层面，辽宁省靠近我国东北林区，具备一定的资源竞争力优势，但在基础设施竞争力方面存在明显劣势；同时，该省的核心竞争力水平也存在较大的提升空间，林业产品附加值低、科技转化率不高、林业科技投入及相关林业高等教育仍需重视。而海南省是旅游省份，受限于其交通条件和距离因素，很难形成较强的林业产业竞争力。统计数据显示该地区的林业产业规模为 397 亿元，仅占全国省份平均水平的 28.35%，规模很小，其中第二产业更低。不过海南省的旅游业能够为林业产业的发展提供较大的发展推动力，森林类旅游日益火爆的今天，林业产业在海南省的发展是可预期的。陕西省和青海省等是我国农业产业竞争力发展最差的省份，它们受到气候等条件的影响，不利于林业产业的发展。陕西省也是我国中部干旱省份之一，当地生态系统脆弱，森林植被主要发挥生态功能，林业产业的经济作用不明显，而且现有的林业产业在产业布局、原材料综合利用率以及环境保护方面存在很多不足。贵州省和重庆同处我国西南地区，具有西南地区林业资源丰富的共同特点，但是同样受地理条件影响，两个地区很难发展对交通运输业均具有依赖性的林业产业，通过林业产业总产值数据可以发现两者的林业总产值分别为 404 亿元和 401 亿元，仅占全国各个省份平均水平的 29.83% 和 29.65%，它们整体的发展较慢，但是我们还是能够通过其第三产业的占比分析一二，这表明两个区域的林业产业的结构合理，具有较高的发展上行潜力。

针对以上不同省份的影响因素分析，主要有以下几点结论：一是，资源是重要的发展保障，我国林业产业较为依赖资源，竞争力较强的资源相对富足；二是，林业产业的发展情况与地区的发展情况协同程度较高，社会经济发展水平对林业产业的发展具有直接的促进作用。社会经济对林业产业的影响渠道众多，例如经济条件能够为产业提供充足的外围条件，促进其高速发展。

二、我国林业产业省际区域竞争力动态测度

（一）研究数据来源及测评对象

基于我国林业产业竞争力加权平均处理后的数值测算分析结果，将 29 个地区林业产业竞争力测度结果根据数值特征分类，综合确定为最强梯队、强梯队、弱梯队和最弱梯队（见表 6-13），为进一步分析林业产业不同于其现有竞争态势的潜在竞争力或变动趋势，运用

面板数据对林业产业竞争力进行动态测度。鉴于我国发展林业产业的地区较多，针对每个地区开展动态测评的难度很高，也缺乏必要性。本文基于分类结果分别选取了静态测评时四个梯队中的福建、吉林、河南和陕西的时间序列数据研究每个梯队的动态发展变化情况。主要基于以下两个层面：一方面，每个梯队的四个地区的林业产业各方面竞争力截面数据分析结果，在各梯队样本中具有较强的代表性；另一方面，四个梯队数据的可获得性、完整性和客观性。本研究以2006—2012年四个地区7年的相关数据为样本，对四省林业产业的各种竞争力展开动态测评。样本数据来源于《2006—2012年中国统计年鉴》《2006—2012年4省统计年鉴》《2006—2012年中国林业统计年鉴》《2006—2013年中国劳动力统计年鉴》《2006—2013年中国工业经济统计年鉴》《2006—2013年中国财政年鉴》等。最后，为增强评价比较性，本研究中各个指标数据都有无量纲化处理，从而指标量纲影响得到了消除，评价体系标准亦得到了统一。以此展开对我国林业产业的综合竞争力的测评。

（二）基于熵值法的动态指标权重确定

在确定我国林业产业竞争力评价动态指标权重的过程中，根据相应动态指标计算方法，运用前文内容所述的熵值法客观计算得到相应的权重值。计算得出二级指标对林业产业竞争力目标层的权重值。同时，还计算得到三级指标对于二级指标的权重值、评价指标对三级指标的权重值以及评价指标对于目标层的权重值。结果见表6-15～表6-29。

表6-15 评价指标相对于总目标层的权重值

Tab. 6-15 The index weight of evaluation

indictors relative to the total target layer

评价指标	福建	吉林	河南	陕西
林业产业市场占有率（X1）	0.0079	0.0255	0.0607	0.0403
产品销售收入（X2）	0.0173	0.0584	0.0567	0.0161
林业总产值（X3）	0.0128	0.0271	0.0131	0.0250
林业总产值与地方经济总产值比重（X4）	0.0178	0.0043	0.0009	0.0024
劳动生产率（X5）	0.0357	0.0302	0.0140	0.0218

评价指标	福建	吉林	河南	陕西
林业从业人员比重（X6）	0.0033	0.0013	0.0321	0.0012
林业系统在岗职工年平均工资（X7）	0.0177	0.0161	0.0135	0.0179
林业第二产业产值所占比重（X8）	0.0249	0.0446	0.0162	0.0211
林业第三产业产值所占比重（X9）	0.0691	0.0010	0.0050	0.0284
林业站数量（X10）	0.0000	0.0000	0.0106	0.0004
教育经费投入（X11）	0.0054	0.0086	0.0092	0.0117
林业高等学校普通本、专科学生毕业人数（X12）	0.0027	0.0028	0.0159	0.0048
铁路网密度（X13）	0.0016	0.0005	0.0005	0.0110
GDP 占全国比重（X14）	0.0148	0.0280	0.0261	0.0301
森林蓄积量（X15）	0.0002	0.0000	0.0042	0.0002
林业用地面积（X16）	0.0000	0.0001	0.0002	0.0004
森林覆盖率（X17）	0.0000	0.0000	0.0011	0.0005
各地区林业重点生态工程造林面积（X18）	0.0865	0.0299	0.0149	0.0083
各地区林业系统自然保护区面积（X19）	0.2718	0.3852	0.3196	0.3598
森林公园面积（X20）	0.0055	0.0009	0.0157	0.0090
地方财政收入占 GDP 的比重（X21）	0.2250	0.2035	0.1673	0.1868
林业国家投资（X22）	0.1353	0.0275	0.0415	0.0426
林业固定资产（X23）	0.0074	0.0133	0.1033	0.0379
林业实际利用外商投资（X24）	0.0373	0.0909	0.0575	0.1225

表 6 – 16　外显竞争力各指标权重

Tab. 6 – 16　The index weight of each index of explicit competitiveness

评价指标	福建	吉林	河南	陕西
林业产业市场占有率（X1）	0.141456	0.221035	0.461427	0.481127
产品销售收入（X2）	0.310190	0.506819	0.431438	0.191997
林业总产值（X3）	0.229618	0.234902	0.099918	0.298569
林业总产值与地方经济总产值比重（X4）	0.318736	0.037243	0.007217	0.028307

表 6 - 17　核心竞争力各指标权重

Tab. 6 - 17　The index weight of each index of core competitiveness

评价指标	福建	吉林	河南	陕西
劳动生产率（X5）	0. 224434	0. 288533	0. 120410	0. 203056
林业从业人员比重（X6）	0. 020629	0. 012799	0. 275472	0. 010788
林业系统在岗职工年平均工资（X7）	0. 111503	0. 153306	0. 115814	0. 166565
林业第二产业产值所占比重（X8）	0. 156975	0. 426020	0. 138886	0. 196997
林业第三产业产值所占比重（X9）	0. 434908	0. 010014	0. 042803	0. 264825
林业站数量（X10）	0. 000160	0. 000414	0. 091222	0. 003884
教育经费投入（X11）	0. 034277	0. 082124	0. 078632	0. 109222
林业高等学校普通本、专科学生毕业人数（X12）	0. 017114	0. 026790	0. 136760	0. 044663

表 6 - 18　基础竞争力各指标权重

Tab. 6 - 18　The index weight of each index of basic competitiveness

评价指标	福建	吉林	河南	陕西
铁路网密度（X13）	0. 004275	0. 001166	0. 001245	0. 026160
GDP 占全国比重（X14）	0. 038827	0. 062912	0. 068346	0. 071719
森林蓄积量（X15）	0. 000410	0. 000072	0. 010949	0. 000565
林业用地面积（X16）	0. 000003	0. 000176	0. 000563	0. 000879
森林覆盖率（X17）	0. 000000	0. 000028	0. 002936	0. 001154
各地区林业重点生态工程造林面积（X18）	0. 227356	0. 067151	0. 038953	0. 019910
各地区林业系统自然保护区面积（X19）	0. 714700	0. 866442	0. 836045	0. 858196
森林公园面积（X20）	0. 014428	0. 002053	0. 040962	0. 021417

表 6 - 19　产业环境竞争力各指标权重

Tab. 6 - 19　The index weight of each index of
industry environment competitiveness

评价指标	福建	吉林	河南	陕西
地方财政收入占 GDP 的比重（X21）	0. 555641	0. 606953	0. 452511	0. 479191
林业国家投资（X22）	0. 334063	0. 082121	0. 112357	0. 109208
林业固定资产（X23）	0. 018158	0. 039725	0. 279483	0. 097270
林业实际利用外商投资（X24）	0. 092138	0. 271201	0. 155649	0. 314330

表 6 - 20 林业产业实力各指标权重

Tab. 6 - 20 The index weight of each index of forestry industry strength

评价指标	福建	吉林	河南	陕西
林业产业市场占有率（X1）	0.313201	0.303681	0.516794	0.714768
产品销售收入（X2）	0.686799	0.696319	0.483206	0.285232

表 6 - 21 林业产业盈利能力各指标权重

Tab. 6 - 21 The index weight of each index of forestry industry profitability

评价指标	福建	吉林	河南	陕西
林业总产值（X3）	0.4187403	0.8631501	0.9326364	0.9134003
林业总产值与地方经济总产值比重（X4）	0.5812597	0.1368499	0.0673636	0.0865997

表 6 - 22 林业系统素质各指标权重

Tab. 6 - 22 The index weight of each index of forestry industry system quality

评价指标	福建	吉林	河南	陕西
劳动生产率（X5）	0.629431	0.634644	0.235316	0.533783
林业从业人员比重（X6）	0.057855	0.028151	0.538350	0.028360
林业系统在岗职工年平均工资（X7）	0.312714	0.337205	0.226334	0.437857

表 6 - 23 林业产业结构各指标权重

Tab. 6 - 23 The index weight of each index of forestry industry structure

评价指标	福建	吉林	河南	陕西
林业第二产业产值所占比重（X8）	0.265213	0.977033	0.764415	0.426566
林业第三产业产值所占比重（X9）	0.734787	0.022967	0.235585	0.573434

表 6 - 24 科技创新各指标权重

Tab. 6 - 24 The index weight of each index of science and technology innovation

评价指标	福建	吉林	河南	陕西
林业站数量（X10）	0.003101	0.003787	0.297514	0.024617
教育经费投入（X11）	0.664921	0.751173	0.256453	0.692290
林业高等学校普通本、专科学生毕业人数（X12）	0.331978	0.245040	0.446033	0.283093

表6-25　基础设施建设各指标权重

Tab. 6-25　The index weight of each index of infrastructure construction

评价指标	福建	吉林	河南	陕西
铁路网密度（X13）	0.099185	0.018198	0.017890	0.267266
GDP 占全国比重（X14）	0.900815	0.981802	0.982110	0.732734

表6-26　资源禀赋各指标权重

Tab. 6-26　The index weight of each index of resources endowment

评价指标	福建	吉林	河南	陕西
森林蓄积量（X15）	0.992289	0.260663	0.757793	0.217527
林业用地面积（X16）	0.007072	0.638021	0.038974	0.338329
森林覆盖率（X17）	0.000638	0.101316	0.203234	0.444145

表6-27　生态建设各指标权重

Tab. 6-27　The index weight of each index of ecological construction

评价指标	福建	吉林	河南	陕西
各地区林业重点生态工程造林面积（X18）	0.237699	0.071770	0.042527	0.022134
各地区林业系统自然保护区面积（X19）	0.747216	0.926036	0.912752	0.954057
森林公园面积（X20）	0.015085	0.002194	0.044720	0.023809

表6-28　制度环境各指标权重

Tab. 6-28　The index weight of each index of institutional environment

评价指标	福建	吉林	河南	陕西
地方财政收入占 GDP 的比重（X21）	0.62452367	0.8808242	0.8010916	0.8143979
林业国家投资（X22）	0.37547633	0.1191758	0.1989084	0.1856021

表6-29　金融资本各指标权重

Tab. 6-29　The index weight of each index of financial capital

评价指标	福建	吉林	河南	陕西
林业固定资产（X23）	0.164629	0.127763	0.642294	0.236322
林业实际利用外商投资（X24）	0.835371	0.872237	0.357706	0.763678

（三）我国林业产业省际区域竞争力动态测度

1. 林业产业外显竞争力测评结果

对福建省林业产业外显竞争力测评结果显示，2006—2010 年，福建省林业产业外显竞争力处于一个平稳上升的状态，但是 2011 年以后福建省林业产业外显竞争力出现一个下降趋势，见表 6 - 30。从林业产业外显竞争力的构成可以看出福建省林业产业实力和外显竞争力的变化趋势很切合，评价结果值最高分别达到 69.08 和 68.83，林业产业盈利能力指标不断上升，达到 80.97，如图 6 - 1 所示。在这 7 年来，林业产业市场占有率波动较大，在前四年里林业产业市场占有率保持在 4.5% 左右，而到 2010 年福建省林业产业市场占有率突然下降到 1.88%，后面几年一直保持在一个较低的水平。结果表明，福建省应该先稳定林产品市场占有率，提升林产品的市场竞争力，进而提升林业产业的实力。

表 6 - 30　2006—2012 年福建省林业产业外显竞争力测评指标结果一览

Tab. 6 - 30　The results list of evaluation index of explicit competitiveness of forestry industry of Fujian province from 2006 to 2012

年份	林业产业实力	林业产业盈利能力	外显竞争力
2006	56.41747413	62.44288614	59.15346782
2007	57.22546997	64.0361814	59.77160957
2008	58.82775398	65.31279518	60.99600177
2009	62.34764518	66.64250203	63.68464171
2010	64.51551207	68.43165653	65.34127268
2011	69.08940253	76.34289589	68.8396135
2012	65.73036412	80.97254071	66.27823946

对河南省林业产业外显竞争力 2006—2012 年的测评结果显示，河南省林业产业外显竞争力呈现一个先降后升的趋势，见表 6 - 31。而从林业产业外显竞争力的构成来看，林业产业实力和林业产业外显竞争力的趋势十分切合，都呈现先降后升的趋势，在 2007 年分别达到最低，分别为 52.87 和 57.33，而林业产业盈利能力不断上升，达

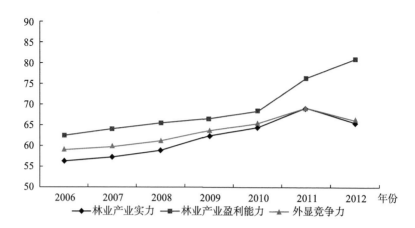

到 68.37，如图 6 - 2 所示。影响林业产业实力的指标中我们可以看出河南省林业产业市场占有率水平保持在 0.5% ~ 2.7%，保持在全国平均水平左右的 2.4%。但是仍有较多年份低于全国平均水平，对于市场占有率方面仍然有待提高。林业产业盈利能力增长速度较林业产业实力和外显竞争力慢，河南省需要通过提升林业产业总产值，从而保持三个指标的同步上升。

表 6 - 31　2006—2012 年河南省林业产业外显竞争力测评指标结果一览

Tab. 6 - 31　The results list of evaluation index of explicit competitiveness of

forestry industry of Henan province from 2006 to 2012

年份	林业产业实力	林业产业盈利能力	外显竞争力
2006	59.61911845	56.61471182	61.59376804
2007	52.87108274	57.33508065	56.44177528
2008	53.53317219	58.20987729	56.94797281
2009	57.77534687	59.26675657	60.18791601
2010	60.00448258	60.27171833	61.89074447
2011	65.03580737	61.73407461	65.73355357
2012	68.49481901	63.21484035	68.37582098

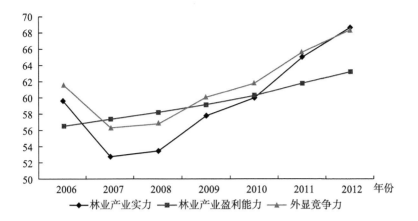

图 6 - 2   2006—2012 年河南省林业产业外显竞争力变化图

Fig. 6 - 2   The variation diagram of explicit competitiveness of

forestry industry of Henan province from 2006 to 2012

对吉林省林业产业外显竞争力 2006—2012 年的测评结果进行分析可知，吉林省林业产业外显竞争力呈现上升趋势，见表 6 - 32。分析林业产业外显竞争力构成指标，林业产业实力和林业产业盈利能力都呈现逐年上升的趋势，分别达到 72.59 和 63.77，但是林业产业盈利能力的增长速度低于林业产业实力，如图 6 - 3 所示。对林业产业盈利能力的两个指标分析发现，林业总产值和林业总产值占地方经济比重都低于全国平均水平，说明吉林省林业产业的盈利能力有待提高，需要增加林业产业的总产值，提高其在地方经济中的比重。

表 6 - 32   2006—2012 年吉林省林业产业外显竞争力测评指标结果一览

Tab. 6 - 32   The results list of evaluation index of explicit competitiveness of

forestry industry of Jilin province from 2006 to 2012

年份	林业产业实力	林业产业盈利能力	外显竞争力
2006	55.56862958	55.7755951	58.50035089
2007	58.25065494	56.21466136	60.54856565
2008	57.476325	58.3073396	59.95887924
2009	57.15674209	59.2374807	59.71555232
2010	57.78707883	60.30706352	60.19765004
2011	72.6281243	62.6570271	71.53143146
2012	72.5914118	63.77013725	71.50422955

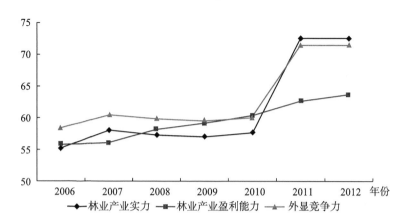

图 6 – 3　2006—2012 年吉林省林业产业外显竞争力变化图

Fig. 6 – 3　The variation diagram of explicit competitiveness of
forestry industry of Jilin province from 2006 to 2012

　　对陕西省林业产业外显竞争力 2006—2012 年的测评结果进行分析可知，陕西省林业产业外显竞争力呈现逐年缓慢上升趋势（见表 6 – 33），而林业产业外显竞争力的两个构成指标与林业产业外显竞争力趋势相同，都呈现缓慢上升的趋势，在 2012 年分别达到 53.68 和 58.33，但是林业产业实力明显低于林业产业盈利能力，如图 6 – 4 所示。林业产业两个构成指标中，林业产业市场占有率保持在 0.24% ~ 0.81%，严重低于全国平均水平 2.40%，产品销售收入每一年的指标都严重低于全国的平均水平，所以陕西省应该注重林业产业的产品市场竞争力的提升，提高林业产业产品市场占有率，提高林产品的深加工能力，增加林业产业产品销售收入。

表 6 – 33　2006—2012 年陕西省林业产业外显竞争力测评指标结果一览

Tab. 6 – 33　The results list of evaluation index of explicit competitiveness of
forestry industry of Shanxi province from 2006 to 2012

年份	林业产业实力	林业产业盈利能力	外显竞争力
2006	53.03039014	54.6776433	56.56143383
2007	52.69415318	54.99183529	56.3049311
2008	52.75868901	55.04705745	56.35424927

年份	林业产业实力	林业产业盈利能力	外显竞争力
2009	52.83502694	55.26140106	56.41269774
2010	53.06961968	55.82813834	56.5922461
2011	53.14191659	56.40456463	56.64787909
2012	53.68293541	58.33121841	57.06241652

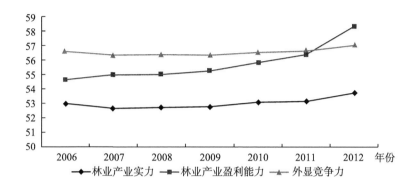

图 6 - 4　2006—2012 年陕西省林业产业外显竞争力变化图

Fig. 6 - 4　The variation diagram of explicit competitiveness of

forestry industry of Shanxi province from 2006 to 2012

2. 林业产业核心竞争力测评结果

对福建省林业产业核心竞争力 2006—2012 年的测评结果显示，福建省林业产业核心竞争力总体呈现上升趋势（见表 6 - 34），林业产业核心竞争力的三个构成指标林业系统素质、林业产业结构和科技创新都与核心竞争力的走势相同，总体呈上升趋势，在 2012 年分别达到 57.72、57.39 和 62.27，如图 6 - 5 所示。但在 2008 年科技创新存在一个波动下降，导致林业产业核心竞争力出现了一定程度的下跌。从分析结果可以看出，林业产业结构的增速最大，可以说明福建省林业产业的优化升级较快，福建省林业产业的组织结构在不断优化完善。而科技创新和林业系统素质没有明显的增幅，说明福建省应该加强林业产业的整体素质，提高劳动生产率，提升林业系统在岗职工工资水平等。

表 6 – 34　2006—2012 年福建省林业产业核心竞争力测评指标结果一览

Tab. 6 – 34　The results list of evaluation index of core competitiveness of forestry industry of Fujian province from 2006 to 2012

年份	林业系统素质	林业产业结构	科技创新	核心竞争力
2006	58. 132489	52. 66251222	57. 54122762	60. 82818658
2007	55. 18631286	59. 85402545	58. 27005084	62. 34751986
2008	55. 30124547	52. 88423210	59. 03231776	62. 08454337
2009	55. 49382034	56. 74491923	59. 79987354	62. 94288749
2010	55. 95466737	56. 87685895	60. 32109888	63. 52567362
2011	56. 19129621	57. 21736094	60. 9404244	64. 21735941
2012	57. 72199318	57. 38826107	62. 26786176	65. 70131992

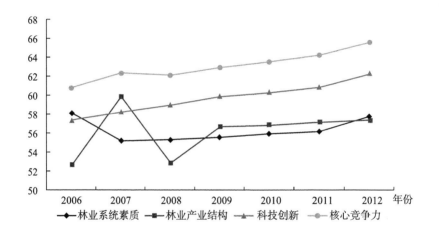

图 6 – 5　2006—2012 年福建省林业产业核心竞争力变化图

Fig. 6 – 5　The variation diagram of core competitiveness of forestry industry of Fujian province from 2006 to 2012

对河南省林业产业核心竞争力 2006—2012 年的测评结果显示，河南省林业产业核心竞争力逐年增长，但是增速相对较慢，林业产业核心竞争力的三个指标林业系统素质、林业产业结构和科技创新都呈上升趋势，在 2012 年分别都达到 55. 39、64. 47 和 69. 51，见表 6 – 35 和图 6 – 6。在河南省林业产业核心竞争力的三个指标中，增长较快的是科技创新和林业产业结构，说明河南省在科技创新和林业产业结构调整升级方面做得比较好，但是林业系统素质增速十分缓慢，说明河南省在提高劳动生产率、企业人员比重和林业系统岗位平均工资方面需要加强。

表 6 – 35　2006—2012 年河南省林业产业核心竞争力测评指标结果一览

Tab. 6 – 35　The results list of evaluation index of core competitiveness of forestry industry of Henan province from 2006 to 2012

年份	林业系统素质	林业产业结构	科技创新	核心竞争力
2006	56. 08339586	53. 28102277	59. 40255185	61. 87893800
2007	54. 63191651	62. 83843789	61. 14269016	64. 03168191
2008	54. 76002661	89. 79422515	62. 55395193	64. 17860511
2009	54. 84678369	64. 72566482	63. 97241307	65. 02508840
2010	55. 03101071	64. 89668139	63. 97294772	65. 02504043
2011	55. 17995723	64. 41940330	65. 92684947	66. 29314195
2012	55. 38740119	64. 46600548	69. 51108846	68. 74551852

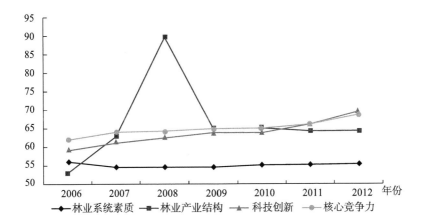

图 6 – 6　2006—2012 年河南省林业产业核心竞争力变化图

Fig. 6 – 6　The variation diagram of core competitiveness of forestry industry of Henan province from 2006 to 2012

对吉林省林业产业核心竞争力 2006—2012 年的测评结果显示，吉林省核心竞争力呈现逐年上升的趋势，而构成林业产业核心竞争力的三个要素林业系统素质、林业产业结构和科技创新总体上呈现上升趋势，在 2012 年分别达到 55. 86、69. 10 和 59. 55，但是林业产业结构在 2008 年又出现一定程度的回落，见表 6 - 36 和图 6 - 7。总体上，林业产业结构的增长幅度较快，而科技创新和林业系统素质增幅较慢，林业系统素质甚至出现零增长，说明吉林省林业产业结构优化比较好，但是科技创新和林业系统素质仍需要不断提高。

表 6 - 36　2006—2012 年吉林省林业产业核心竞争力测评指标结果一览

Tab. 6 - 36　The results list of evaluation index of core competitiveness of forestry industry of Jilin province from 2006 to 2012

年份	林业系统素质	林业产业结构	科技创新	核心竞争力
2006	56. 73004834	50. 71599069	56. 15631686	58. 74681610
2007	54. 81884489	64. 68699291	56. 6972654	60. 09636346
2008	54. 99552969	64. 09773754	57. 4657147	59. 43093254
2009	55. 10602785	66. 18045204	57. 8530056	59. 92661290
2010	55. 27206323	67. 58088252	57. 8524716	59. 92706618
2011	55. 61840027	68. 99717438	58. 43279825	60. 60932446
2012	55. 86384295	69. 09848680	59. 55458051	61. 86107902

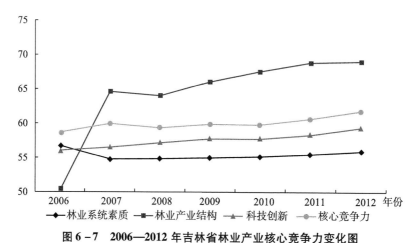

图 6 - 7　2006—2012 年吉林省林业产业核心竞争力变化图

Fig. 6 - 7　The variation diagram of core competitiveness of forestry industry of Jilin province from 2006 to 2012

　　陕西省林业产业核心竞争力 2006—2012 年的测评结果显示，陕西省核心竞争力呈现平稳变化，林业产业核心竞争力的三个组成指标中，林业系统素质和科技创新整体呈现平稳变化，而林业产业结构呈现出较强的增长，最后增长到73.08；林业系统素质2007年有一个较大幅度的下降，下降到54.80，见表6-37和图6-8。林业产业结构增速较大，说明陕西省在科技结构调整优化方面做得较好，但是林业系统素质和科技创新相对没有明显的增长，说明陕西省在这两方面仍需加强。

表6-37 2006—2012年陕西省林业产业核心竞争力测评指标结果一览

Tab. 6-37 The results list of evaluation index of core competitiveness of forestry industry of Shanxi province from 2006 to 2012

年份	林业系统素质	林业产业结构	科技创新	核心竞争力
2006	57. 36757333	45. 85656221	56. 90300276	60. 07931300
2007	54. 80255901	53. 41270635	57. 65175006	61. 90754790
2008	55. 21109423	54. 29377523	58. 90916647	61. 52110976
2009	55. 51370047	61. 70328826	60. 00844575	62. 63941745
2010	55. 6061034	64. 21294692	60. 00839558	62. 63941509
2011	56. 08874054	63. 54252255	60. 67798931	63. 32037441
2012	56. 585906	73. 08069343	62. 91927709	65. 60022209

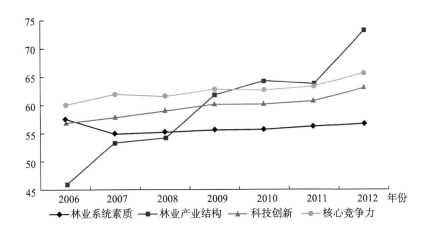

图6-8 2006—2012年陕西省林业产业核心竞争力变化图

Fig. 6-8 The variation diagram of core competitiveness of forestry industry of Shanxi province from 2006 to 2012

3. 林业产业基础竞争力测评结果

福建省林业产业基础竞争力2006—2012年的测评结果显示，福建省基础竞争力在 7 年内呈现稳定状态，林业产业基础竞争力的三个指标基础设施建设、资源禀赋和生态建设也都处于一个相对稳定的状态，见表 6 – 38 和图 6 – 9。说明福建省在基础设施建设方面都没有明显的增长，福建省应该在各个方面增加投入，加强基础设施建设。在林业产业基础竞争力的三个指标中，基础设施建设较弱而资源禀赋较强，说明福建省的资源丰富，但是基础设施的建设应该改善和加强，从而提高林业产业整体的基础竞争力。

表 6 – 38　2006—2012 年福建省林业产业基础竞争力测评指标结果一览

Tab. 6 – 38　The results list of evaluation index of basic competitiveness of forestry industry of Fujian province from 2006 to 2012

年份	基础设施建设	资源禀赋	生态建设	基础竞争力
2006	52.05061086	64.73974266	56.05589144	56.62966444
2007	52.32322338	64.73974266	56.07320092	56.65221321
2008	52.31654695	64.73974266	55.90996765	56.43957237
2009	52.83156175	65.70651985	55.93373805	56.47601267
2010	52.83997222	65.70651985	56.22204042	56.85157863
2011	52.84214385	65.70651985	56.37360944	57.04902467
2012	52.96942405	65.70651985	56.39490725	57.07676893

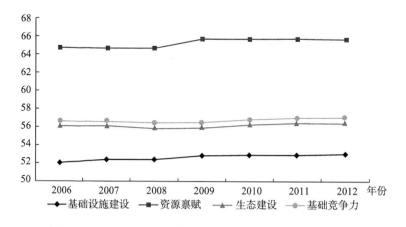

图 6 – 9　2006—2012 年福建省林业产业基础竞争力变化图

Fig. 6 – 9　The variation diagram of basic competitiveness of forestry industry of Fujian province from 2006 to 2012

河南省林业产业基础竞争力 2006—2012 年的分析结果显示，河南省在 7 年内林业产业基础竞争力在波动中上升，林业产业基础竞争力的三个构成指标基础设施建设、资源禀赋和生态建设都在波动中上升，三个指标之间保持一个平行的趋势，最后分别上升到 54.47、57.27 和 56.90，见表 6-39 和图 6-10。其中资源禀赋在 2009—2012 年没有增长，而基础设施建设相比其他指标较低，说明河南省需要大力加强基础设施建设，利用基础设施的不断完善推动林业产业竞争力的提升。

表 6-39 2006—2012 年河南省林业产业基础竞争力测评指标结果一览

Tab. 6-39 The results list of evaluation index of basic competitiveness of forestry industry of Henan province from 2006 to 2012

年份	基础设施建设	资源禀赋	生态建设	基础竞争力
2006	53.41064742	56.19269973	56.42481088	57.06184596
2007	53.8998751	56.19269973	56.353474	56.96891688
2008	53.90887364	56.19269973	56.12545474	56.67188057
2009	53.80482445	57.26916597	56.22108515	56.80255261
2010	54.06131721	57.26916597	56.82680795	57.59161608
2011	54.040358	57.26916597	56.95226946	57.75505237
2012	54.47327028	57.26916597	56.90907909	57.69878918

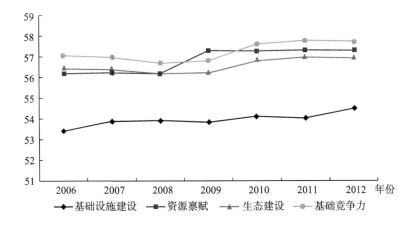

图 6-10 2006—2012 年河南省林业产业基础竞争力变化图

Fig. 6-10 The variation diagram of basic competitiveness of forestry industry of Henan province from 2006 to 2012

    吉林省林业产业基础竞争力 2006—2012 年的测评结果显示，河南省基础竞争力在 7 年内没有明显的变化，林业产业基础竞争力的三个构成指标基础设施建设、资源禀赋和生态建设也没有明显的变化，均值分别维持在 53.10、73.50 和 62.50 附近，但是整体上呈现出资源禀赋 > 生态建设 > 基础设施建设，见表 6 - 40 和图 6 - 11。说明吉林省的森林资源相对比较丰富，但是基础设施建设较弱，所以吉林省应该完善基础设施建设，从而推动林业产业的整体竞争力的提升。

表 6 - 40   2006—2012 年吉林省林业产业基础竞争力测评指标结果一览

Tab. 6 - 40   The results list of evaluation index of basic competitiveness of forestry industry of Jilin province from 2006 to 2012

年份	基础设施建设	资源禀赋	生态建设	基础竞争力
2006	52.74360854	73.56624977	63.77514083	66.73536767
2007	52.95530221	73.56624977	63.74752367	66.69939138
2008	53.09688457	73.56624977	62.27109509	64.77607631
2009	53.15467223	74.22414879	62.2827843	64.7950294
2010	53.23190102	74.22414879	63.8938465	66.89372912
2011	53.21342943	74.22414879	63.77381294	66.73736371
2012	53.47843526	74.22414879	63.98210845	67.0087063

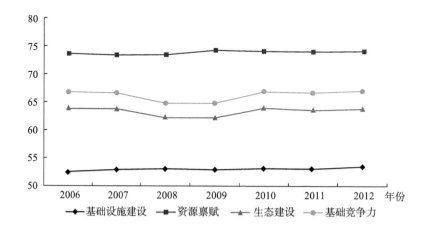

图 6 - 11   2006—2012 年吉林省林业产业基础竞争力变化图

Fig. 6 - 11   The variation diagram of basic competitiveness of forestry industry of Jilin province from 2006 to 2012

陕西省林业产业基础竞争力 2006—2012 年的测评结果显示，河南省基础竞争力在 7 年内没有明显的变化，林业产业基础竞争力的三个构成指标基础设施建设、资源禀赋和生态建设也没有明显的变化，均值分别维持在 52.30、61.40 和 56.50 附近（见表 6 – 41 和图 6 – 12），但是整体上呈现出资源禀赋 > 生态建设 > 基础设施建设，说明陕西省的森林资源相对比较丰富，但是基础设施建设较弱，所以陕西省应该完善基础设施建设，从而推动林业产业的整体竞争力的提升。

表 6 – 41　2006—2012 年陕西省林业产业基础竞争力测评指标结果一览

Tab. 6 – 41　The results list of evaluation index of basic competitiveness of forestry industry of Shanxi province from 2006 to 2012

年份	基础设施建设	资源禀赋	生态建设	基础竞争力
2006	52.48365759	61.52740113	56.92683271	57.74603105
2007	52.66087636	61.52740113	57.12801279	58.00810450
2008	51.31893307	61.52740113	56.63632663	57.36759419
2009	52.76939738	62.25639728	57.13880211	58.02628795
2010	53.29473482	62.25639728	57.36894282	58.32608790
2011	53.30792915	62.25639728	57.21210978	58.12178453
2012	53.30320487	62.25639728	57.20111963	58.10746787

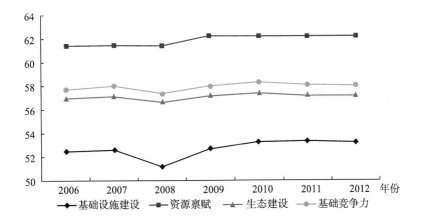

图 6 – 12　2006—2012 年陕西省林业产业基础竞争力变化图

Fig. 6 – 12　The variation diagram of basic competitiveness of forestry industry of Shanxi province from 2006 to 2012

4. 林业产业产业环境竞争力测评结果

福建省林业产业产业环境竞争力 2006—2012 年的测评结果显示，福建省林业产业产业环境竞争力在 7 年间呈现波动上升的趋势，林业产业产业环境竞争力的两个构成指标中，制度环境在 2006—2011 年没有明显变化，在 2012 年上升到 59.17；而金融资本在 7 年间呈现波动上升趋势，但是在 2012 年下降幅度较大，下降到 55.07，见表 6 - 42 和图 6 - 13。测评结果表明福建省的制度环境有待提升，金融资本应该不断稳定、持续地注入，保持林业产业产业环境竞争力的稳步上升。

表 6 - 42　2006—2012 年福建省林业产业产业环境竞争力测评指标结果一览

Tab. 6 - 42　The results list of evaluation index of industry environment competitiveness power of forestry industry of Fujian province from 2006 to 2012

年份	制度环境	金融资本	产业环境竞争力
2006	53.71099944	55.88902238	55.12249431
2007	53.69158206	55.01305541	54.59108302
2008	53.98167103	56.65478116	55.68836512
2009	53.86878426	54.47919508	54.34270769
2010	54.04737315	55.39401582	54.96091364
2011	53.87978737	61.04595029	58.27273515
2012	59.16744233	55.07486434	56.81490593

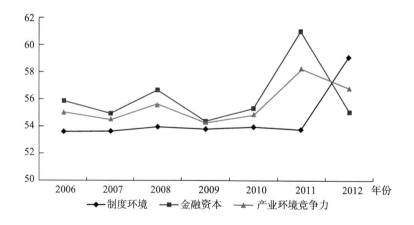

图 6 - 13　2006—2012 年福建省林业产业产业环境竞争力变化图

Fig. 6 - 13　The variation diagram of industry environment competitiveness of forestry industry of Fujian province from 2006 to 2012

河南省林业产业产业环境竞争力 2006—2012 年的测评结果显示，河南省林业产业产业环境竞争力在 2006—2009 年处于上升趋势，而在 2009—2012 年处于下降趋势，林业产业的两个构成指标制度环境和金融资本在 2006—2009 年处于上升趋势，在 2009 年达到最大值，分别为 57.86 和 60.61，而在 2009—2012 年处于下降趋势，见表 6 - 43 和图 6 - 14。测评结果显示，河南省林业产业产业环境竞争力处于一个波动的状态中，在 2008 年以前制度环境 > 金融资本，而 2008—2011 年，金融资本 > 制度环境，2011 年以后制度环境 > 金融资本。河南省林业产业产业环境竞争力的提升应该在优化制度环境的同时加大金融资本的投入，同时也需要把握两者之间的关系，使两者协调发展。

表 6 - 43　2006—2012 年河南省林业产业产业环境竞争力测评指标结果一览

Tab. 6 - 43　The results list of evaluation index of industry environment competitiveness power of forestry industry of Henan province from 2006 to 2012

年份	制度环境	金融资本	产业环境竞争力
2006	55.54110004	54.33928662	54.92693616
2007	55.4195784	54.17533399	54.78039298
2008	55.85551104	54.82458467	55.34261444
2009	57.85568525	60.60657491	59.5979138
2010	56.24005151	57.32501425	56.99095394
2011	53.45643903	52.88778016	53.2266766
2012	55.06326173	53.09567426	53.99266715

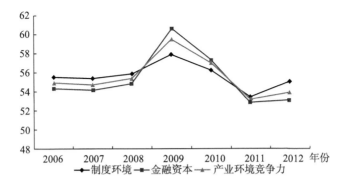

图 6 - 14　2006—2012 年河南省林业产业产业环境竞争力变化图

Fig. 6 - 14　The variation diagram of industry environment competitiveness of forestry industry of Henan province from 2006 to 2012

　　吉林省林业产业产业环境竞争力 2006—2012 年的测评结果显示，吉林省林业产业产业环境竞争力总体呈现上升趋势，但是在 2011 年出现一个较大幅度的下滑，下滑到 55.86，林业产业产业环境的两个构成要素制度环境和金融资本与林业产业产业环境的变化趋势相同，在 2011 年出现一个较大幅度的下滑，分别下滑到 55.06 和 56.22，见表 6 - 44 和图 6 - 15。吉林省林业产业产业环境竞争力的两个构成指标中，总体来说制度环境优于金融资本，说明吉林省制度方面做得较好，但是仍需要加大资金的扶持力度，优化金融市场环境。

表 6 - 44　2006—2012 年吉林省林业产业产业环境竞争力测评指标结果一览

Tab. 6 - 44　The results list of evaluation index of industry environment competitiveness power of forestry industry of Jilin province from 2006 to 2012

年份	制度环境	金融资本	产业环境竞争力
2006	56.26248871	55.21357288	55.73768629
2007	56.82131333	55.92852947	56.38826592
2008	60.00161055	58.02771922	58.91327323
2009	59.20396736	58.85466383	59.08907242
2010	59.25982929	59.45888234	59.47258608
2011	55.05902964	56.21944018	55.85837706
2012	62.44571719	56.84983959	59.18522544

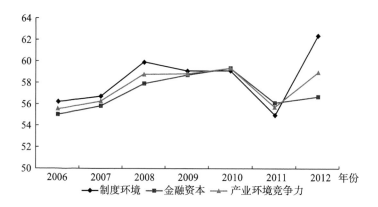

图 6 - 15　2006—2012 年吉林省林业产业产业环境竞争力变化图

Fig. 6 - 15　The variation diagram of industry environment competitiveness of forestry industry of Jilin province from 2006 to 2012

陕西省林业产业产业环境竞争力 2006—2012 年的测评结果显示，陕西省林业产业产业环境竞争力总体呈现上升趋势，但是在 2011 年出现一个较大幅度的下滑，下滑到 53.70；林业产业产业环境的两个构成要素制度环境和金融资本与林业产业产业环境的变化趋势相同，在 2011 年出现一个较大幅度的下滑，分别下滑到 53.85 和 53.41，见表 6 - 45 和图 6 - 16。陕西省林业产业产业环境竞争力的两个构成指标中，总体来说制度环境优于金融资本，说明陕西省制度方面做得较好，但是仍需要加大资金的扶持力度，优化金融市场环境。

表 6 - 45　2006—2012 年陕西省林业产业产业环境竞争力测评指标结果一览

Tab. 6 - 45　The results list of evaluation index of industry environment competitiveness power of forestry industry of Shanxi province from 2006 to 2012

年份	制度环境	金融资本	产业环境竞争力
2006	56.20426762	54.8404503	55.49138056
2007	56.2237599	54.53419513	55.31608452
2008	59.40230125	57.07656531	58.10532568
2009	60.7757406	58.21359306	59.33355072
2010	59.46276826	57.86849948	58.60289565
2011	53.84636572	53.4134551	53.69665075
2012	62.15141118	55.26010609	58.11734038

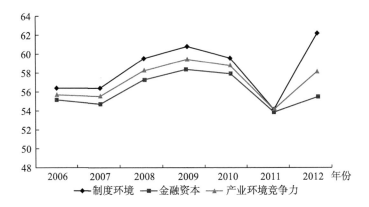

图 6 - 16　2006—2012 年陕西省林业产业产业环境竞争力变化图

Fig. 6 - 16　The variation diagram of industry environment competitiveness of forestry industry of Shanxi province from 2006 to 2012

5. 林业产业综合竞争力测评结果

2006—2012 年福建省林业产业的综合竞争力测评结果显示，福建省林业产业的综合竞争力呈现出逐年上升的趋势（见表 6 – 46 和图 6 –17）。在林业产业综合竞争力构成的四个指标中，核心竞争力增长最慢，说明福建省林业产业的核心竞争力建设较好，而外显竞争力、基础竞争力和产业环境竞争力增长速度都较慢，其中产业环境竞争力增长最慢，说明福建省应该加强林业产业的制度环境优化和金融资本的积累，从而为林业产业的发展营造一个很好的软环境。

表 6 – 46　2006—2012 年福建省林业产业综合竞争力测评指标结果一览

Tab. 6 – 46　The results list of forestry industry comprehensive competitive power evaluation index of Fujian province from 2006 to 2012

年份	外显竞争力	核心竞争力	基础竞争力	产业环境竞争力	综合竞争力
2006	59. 15346782	57. 13581735	56. 62966444	55. 12249431	59. 33791574
2007	59. 77160957	64. 3885469	56. 65221321	54. 59108302	59. 51282021
2008	60. 99600177	59. 74005031	56. 43957237	55. 68836512	59. 85088263
2009	63. 68464171	66. 71924735	56. 47601267	54. 34270769	60. 60078628
2010	65. 34127268	68. 38878758	56. 85157863	54. 96091364	61. 06175276
2011	68. 8396135	76. 02016271	57. 04902467	58. 27273515	62. 03700041
2012	66. 27823946	80. 06107117	57. 07676893	56. 81490593	61. 32725748

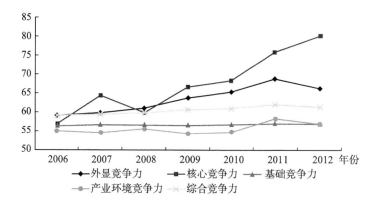

图 6 – 17　2006—2012 年福建省林业产业综合竞争力变化图

Fig. 6 – 17　The variation diagram of comprehensive competitive capability of forestry industry of Fujian province from 2006 to 2012

河南省林业产业综合竞争力 2006—2012 年的测评结果显示，河南省林业产业综合竞争力保持在一个相对稳定的水平，外显竞争力和核心竞争力呈现出上升趋势，在 2012 年分别达到 68.38 和 80.06，而基础竞争力呈现平稳变化，产业环境竞争力呈现一定的下降趋势，下降到 53.99，见表 6-47 和图 6-18。说明河南省需要在保持核心竞争力的同时，进一步加强制度环境的改善和金融资本环境的优化，优化林业产业的软环境。

表 6-47　2006—2012 年河南省林业产业综合竞争力测评指标结果一览

Tab. 6-47　The results list of forestry industry comprehensive competitive power evaluation index of Henan province from 2006 to 2012

年份	外显竞争力	核心竞争力	基础竞争力	产业环境竞争力	综合竞争力
2006	61.59376804	57.13581735	57.06184596	54.92693616	60.01571395
2007	56.44177528	64.38854690	56.96891688	54.78039298	58.58517547
2008	56.94797281	59.74005031	56.67188057	55.34261444	58.72594383
2009	60.18791601	66.71924735	56.80255261	59.59791380	59.62638645
2010	61.89074447	68.38878758	57.59161608	56.99095394	60.09964507
2011	65.73355357	76.02016271	57.75505237	53.22667660	61.16747131
2012	68.37582098	80.06107117	57.69878918	53.99266715	61.90191205

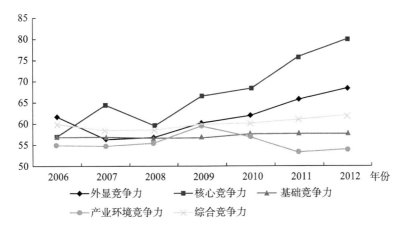

图 6-18　2006—2012 年河南省林业产业综合竞争力变化图

Fig. 6-18　The variation diagram of comprehensive competitive capability of forestry industry of Henan province from 2006 to 2012

2006—2012 年吉林省林业产业综合竞争力测评显示，吉林省林业产业综合竞争力基本保持稳定，在 2010 年以前，林业产业中的外显竞争力、核心竞争力和产业环境竞争力变化较为平稳，2010—2012 年，外显竞争力呈现上升的趋势，而产业环境竞争力呈现出下降趋势，基础竞争力指标保持一个平稳的变化，但是总体水平较高，见表6–48 和图 6–19。测评结果表明，吉林省林业产业的基础设施建设较好，但是核心要素、产业环境和林业产业实力与盈利能力相对较弱，吉林省林业产业应该加强核心竞争力建设，不断优化林业产业软环境，提升林业产业的整体实力，进而提升林业产业竞争力。

表 6–48　2006—2012 年吉林省林业产业综合竞争力测评指标结果一览

Tab. 6–48　The results list of forestry industry comprehensive competitive power evaluation index of Jilin province from 2006 to 2012

年份	外显竞争力	核心竞争力	基础竞争力	产业环境竞争力	综合竞争力
2006	58. 50035089	56. 91036976	66. 73536767	55. 73768629	59. 15722294
2007	60. 54856565	58. 23927434	66. 69939138	56. 38826592	59. 72677122
2008	59. 95887924	58. 62290154	64. 77607631	58. 91327323	59. 56609543
2009	59. 71555232	59. 37061657	64. 7950294	59. 08907242	59. 49632775
2010	60. 19765004	59. 92557645	66. 89372912	59. 47258608	59. 63078592
2011	71. 53143146	60. 96458564	66. 73736371	55. 85837706	62. 7795993
2012	71. 50422955	62. 00369447	67. 0087063	59. 18522544	62. 77254093

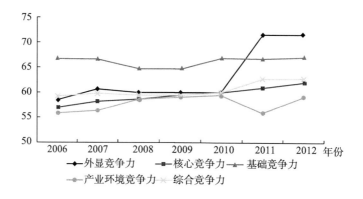

图 6–19　2006—2012 年吉林省林业产业综合竞争力变化图

Fig. 6–19　The variation diagram of comprehensive competitive capability of forestry industry of Jilin province from 2006 to 2012

2006—2012 年陕西省林业产业综合竞争力测评结果显示，陕西省林业产业综合竞争力保持在一个相对稳定的状态，林业产业综合竞争力的四个构成指标中，外显竞争力和基础竞争力保持相对稳定状态，分别保持在 56.4 和 57.6 左右，而核心竞争力在 2008 年有一个小的下滑，但是总体保持相对平稳的状态，保持在 56.6 左右，产业环境竞争力的波动较大，2006—2007 年处于最低水平，而 2007—2009 年逐年上升，到 2009 年上升到最高水平 59.33，2009—2011 年又逐年下滑到最低水平 53.70，2011—2012 年又逐步回升，见表 6-49 和图 6-20。陕西省的林业综合竞争力水平整体较低，需要不断地提升整体竞争力，加强林业产业的发展，保证产业环境的稳定增长。

表6-49　2006—2012 年陕西省林业产业综合竞争力测评指标结果一览

Tab. 6-49　The results list of forestry industry comprehensive competitive power evaluation index of Shanxi province from 2006 to 2010

年份	外显竞争力	核心竞争力	基础竞争力	产业环境竞争力	综合竞争力
2006	56.56143383	56.46233494	57.74603105	55.49138056	58.61771755
2007	56.3049311	56.61483732	58.0081045	55.31608452	58.54655338
2008	56.35424927	56.76196656	57.36759419	58.10532568	58.56033303
2009	56.41269774	56.9201271	58.02628795	59.33355072	58.57673146
2010	56.5922461	56.94038184	58.3260879	58.60289565	58.6266233
2011	56.64787909	57.09368866	58.12178453	53.69665075	58.64199664
2012	57.06241652	57.79684733	58.10746787	58.11734038	58.75757288

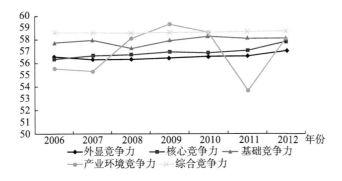

图6-20　2006—2012 年陕西省林业产业综合竞争力变化图

Fig. 6-20　The variation diagram of comprehensive competitive capability of forestry industry of Shanxi province from 2006 to 2012

第三节　本章小结

　　本章构建了基于熵权法、Topsis 综合评价法、线性加权函数法的我国林业产业省际区域竞争力评价模型，通过查阅统计年鉴获得的 2013 年统计数据，基于产业竞争力的显性竞争力、基础竞争力、核心竞争力和产业环境竞争力四个层面，一方面从静态对我国林业产业省际区域竞争力进行评价，通过对评价结果进行分析，将林业产业竞争力划分为最强竞争力、强竞争力、弱竞争力和最弱竞争力四个梯队，并且分析了四个梯队中各省（直辖市、自治区）林业产业竞争力的地区差异性及其成因；另一方面，运用林业产业 2006—2012 年的统计数据，从动态对我国林业产业外显竞争力、核心竞争力、基础竞争力和产业环境竞争力进行了评价和分析。

第七章　提升我国林业产业
区域竞争力的对策

通过以上章节的分析，我国林业产业要在新形势下把握机遇，就必须对影响我国林业产业区域竞争力的多类影响因素进行有效的控制，采取有效的方法来提高产业竞争力。本章首先就我国林业产业区域竞争力提升的总体思路及路径进行宏观分析，把握林业产业整体形势，分析宏观环境下林业系统影响因素力度和方向规律及变动；在对应前文章节分析基础上以整个产业为主体从中观层面提出较为详细的区域林业产业协调发展总体对策，并进一步根据第六章区域林业产业综合竞争力的静态测评结果，以各区域（梯队）为主体从微观上针对最强竞争力、强竞争力、弱竞争力和最弱竞争力梯队的差异特点分别给出提升竞争力的具体对策，从而为提升我国林业产业的竞争力提供参考。

第一节　宏观层面我国林业产业区域
竞争力提升的总体思路

推动事物发展的驱动要素包括两个方面：内因和外因。内因是推动事物发展的主要矛盾，以解决为主；外因是推动事物发展的次要矛盾，以适应为主。根据第三章分析提出的林业产业竞争力构成要素和第四章提出的影响因素，综合将林业系统（企业）素质、科技创新和林业产业结构以及资源禀赋视为内驱动力，基础设施建设、生态建设、制度（政府）环境、金融资本则视为外在驱动力加以研究。不同类型的要素会相互作用，同一类型内的要素也存在一定的关联性，其

193

交错复杂，共同决定了一个区域林业产业的竞争力。

如图7-1所示，生态建设、金融资本、基础设施建设和制度（政府）环境是影响区域林业产业竞争力的外因，为区域林业产业竞争力提升提供了基础；而林业系统（企业）素质、科技创新、资源禀赋及林业产业结构构成了区域林业产业竞争力的内因，其是区域林业产业竞争力的核心要素。在产业竞争力的各种构成中，内在要素和外在要素之间以及各要素之间相互影响，交叉作用比较明显，并不是独立的驱动影响。如制度（政府）环境会影响到一个产业的金融资本，另外，制度环境还会影响到产业结构。

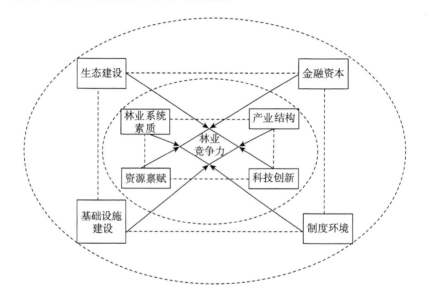

图7-1 我国林业产业区域竞争力提升系统

Fig. 7-1 The regional competitiveness promotion system of China's forestry industry

林业产业竞争力提升是林业产业经历其生命周期的一种过程。一方面，林业产业竞争力的提升过程在时间上表现为各种影响因素与构成要素在各子产业之间以及各林业企业之间的不断流动与消长；在空间上表现为各种影响因素与构成要素、各林业产业部门以及各林业企业在空间地域上的不断流动、集聚或转移。另一方面，林业产业的演进又直接表现为林业产业结构、林业产业组织和林业产业布局的逐步合理化及高度化。

基于图 7-1 林业产业区域竞争力提升系统，我国林业产业发展总体思路是：以林业产业的影响因素和构成要素为基础构建林业发展的综合支撑体系，明确提升竞争力的战略定位，针对林业产业的区域不均衡，产业结构、科创能力和驱动力不足等问题分别进行区域协调发展，优化林业产业结构，提高科创能力，形成完善的林业产业发展支撑综合体系，实现林业产业竞争力高效提升、持续推动。具体演进路径如图 7-2 所示。

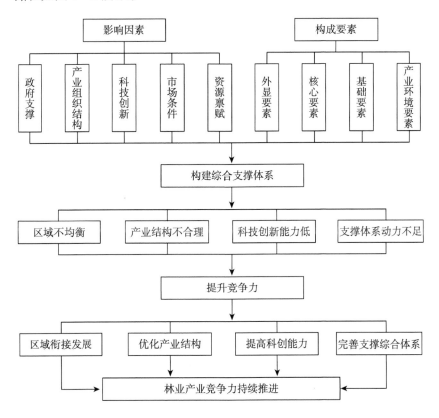

图 7-2　林业产业竞争力总体发展演进路径

Fig. 7-2　**The overall development evolution path diagram of forestry industry competitiveness**

第二节　中观层面保障我国林业产业区域竞争力协调发展的有效对策

一、通过产业升级和优化实现区域衔接发展

在国际国内经济环境不断变化，以及劳动力、土地等要素价格急剧攀升的背景下，东部发达省份产业的传统优势正在逐步消失，向原材料和市场空间广阔的中西部地区进行产业转移是必然趋势。加快东部发达省份产业的转移，不仅有利于提升资源的配置效率，促进区域经济协调发展；而且有利于推动中西部地区产业的调整升级。特别是在中西部地区基础设施和投资环境持续完善的条件下，加大东部和中西部地区的产业优化配置，加快东部地区经济转型升级的步伐，使我国林业产业分工更加合理。对林业产业而言，适时将技术和资本约束不明显、劳动力资源需求量大的林业第二产业的相关行业生产基地内移，将有利于提高我国林业产业的发展效能。

本文通过对各个地区的林业产业竞争力的影响因素进行分析，指出了指标中存在的不足和优势。例如劳动力资源的价格随着我国的经济发展而不断升高，并且受西部开发和振兴的影响，我国内陆地区的发展速度很快，对劳动力需求一直很大，对沿海地区的劳动力争夺造成了影响。因此区域发展是一个动态的全局过程，这就需要地区之间进行有效的产业合作的衔接，可通过发展比较优势来实现区域合作并使效率得到提升。中西部地区因此可以通过引入其他发达省份的先进技术和经验，使资金投入真正高效的项目中，最终形成省份之间的稳定供求关联，也避免了林业的高级产业产能不足的问题。

二、通过优化产业结构促进产业集聚的实现

林业产业结构从不合理到合理的调整过程就是林业产业结构的合理化过程，在合理化基础上由滞后向高度化迈进的过程就是林业产业结构的优化过程。林业产业结构的合理化是指林业三次产业间及林业

各亚产业之间协调能力的加强和关联水平的提高，它是一个动态的过程。林业产业结构的高度化包含了产业结构本身从低水平往高水平的状态，这是一个动态变化的过程，体现为林业产业高附加值化、高技术化、高集约化、高加工度化。在林业产业结构优化调整的过程中，最核心的内容就是主导产业的培育与选择、衰退产业的退出与转型，两者是林业产业结构趋向合理化的关键。

在经济全球化背景下，产业集聚已成为优化经济增长方式、发挥资源二次配置效应的必然趋势和可行渠道。产业集聚是在产业发展过程中由于对资源、技术、市场等要素的共同需求而发生的一种同性质企业的集聚现象。产业的集聚可以有效地实现产业发展中各个要素的衔接，如劳动力、交通运输、原材料以及物流服务等。目前，在我国林业产业较强的几个省份已形成了极具特色的产业集群，尤其在林业加工方面，如人造板产业集群、竹产业集群等，对经济环境具有较高的依赖性，主要分布在经济发达省份。但从总体来讲，我国林业产业集中度低；企业间的原料消耗、产品质量、设备与生产工艺、单线规模等方面的差距越来越大，这些因素降低了产业的集中度，从而降低了产业竞争力。为提高林业产业的集中度，提升其产业竞争力，在政策上不断进行有效的推进，一方面通过合并重组的企业实现各个单个经济体的规模扩张，此外，还可以加强同类产业中的互补经济效益的提升。我国应当通过政府手段推进这些产业的集聚和发展，特别是深圳、上海等发达地区，应充当领头羊的角色。另一方面通过构建产业集聚的配套服务体系，为产业集聚提供优质的技术咨询、区域流通、资金扶持以及人才培训等服务，加快形成产业集群。

三、增强林业产业科技创新能力

林业科技创新与进步能够对林业产业的机构进行重组和优化，提高林业产业的组织效能，通过合理布局，推动林业产业科技创新能力，使其作为根本动力。当前，我国地区林业产业仍然具有粗放发展的特点，资源利用率低下，而且其与低端产品产能过剩同时存在。同时，林业产业的高级产品的供给较为缺乏。要改变这种局面，就应当增强林业产业的科技创新能力。另外，在各个技术方面的支持力度还需要增强。要想提高林业产业的科技水平，一定要从底层的教育、科研活动做起，并把提高林业产业管理水平作为重要的管理角度。区域的发展离不开人才的聚集，我国应当加大林业产业的教育经费的投入力度。先进的技术具有很多限制条件，单独进行技术引进无法很快提高产业的效率，为了保证企业能够快速进行有效的效率提升，需要配合更为先进的管理理念作为保障，例如引入激励机制等管理方法。

四、实现林业产业生态性与经济性的统一

随着环境问题的日益突出和大众对环境保护的日益关注，森林的功能和生态效益的作用不断得到重视。我国林业产业的战略地位也逐渐得到认可，我国也专门为促进林业的生态、经济和社会效益的实现做出了规划。"林业产业的生态可持续功能"是林业产业现代化建设的又一重要战略，是林业生态建设进入新阶段的重要标志。只有保证社会—经济—环境三个方面的良性循环，经济与环境的可持续发展以及能源和物质的可持续利用才会得到保障。

生态建设已经成为新世纪的主题。随着党的十八大提出的五位一体建设的推进，生态建设已经在政策和经济上得到全面支持，与此同时，随着我国经济的发展，林业产业的发展面临着前所未有的机会。也使得我国各个地区得到了这一机遇，在林业生态工程建设方面快速发展，到目前为止，我国林业产业已经取得了较为显著的生态、经济以及社会效益。同时，由于林业区域发展的不均衡，各区域在生态性和经济性的协调中存在较大差异。总体上，共同的经验体现在林业生态发展的可持续性上，必须做到使政府重视，并需要社会各界的不断宣传，让林业产业的可持续发展成为社会发展的基本前提。此外，为应对全球气候变化，国际社会也在积极行动。《联合国气候变化框架公约》的实施、《京都议定书》的生效以及《京都议定书》中清洁发展机制的确立、"森林生态保护伊春国际论坛"以"倡导生态文明，共建绿色地球"为主题的"森林生态保护伊春宣言"的发表，标志着森林生态效益在经济上得到了国际社会的承认，并预示着林业生态服

务进入了可以获取回报时代的到来。通过二氧化碳进行减排的商业模式也给生态效益提供了参考（潘忠等，2007）[162]。林业碳汇项目是清洁发展机制下的一个重要项目类型，为我国林业发展注入了更多新的生态和经济元素，各区域开展 CDM 林业碳汇项目，森林碳汇市场的建立对于新时期林业产业的快速发展起着重要作用。

最后，适当的补偿机制的建立是重要而紧迫的，为了实现森林的生态效益补偿的社会化，需要从上到下进行思想转变，不断探索森林生态补偿金的制度细节，从而实现环境保护和经济增长的循环[163]。在森林生态效益补偿办法中要明确森林生态效益补偿机制是调整生态建设和环境保护相关各方之间利益关系的重要的环境经济政策[164]，要制定相应的森林生态效益补偿政策、措施与法规，建立起森林生态效益补偿的长效机制。

五、构建与完善林业产业发展支撑综合体系

林业产业发展目标的实现，离不开资源、制度、政策等要素的支撑，依据林业产业影响因素的分析结果及林业产业发展的总体目标，从资源、市场、制度及政府方面构建或完善促进林业产业发展的支撑体系和对策。

从资源角度分析，森林资源是林业产业发展的物质基础，是林产品加工业、林业旅游与休闲服务业、非木多资源开发与利用业发展的重要资源支撑，应积极培育合理利用森林资源，建立与林业主导产业相匹配的用材林基地，通过合理布局、建立集约化经营资源基地，是林业产业高效发展的基础。同时也可以依托森林资源开发利用森林景观资源，进一步建立多资源利用培育基地。人力资源方面，加强人力资本积累，加强林区基础教育，开展多渠道的职业技术培训，一方面可以以一定优惠政策引进人才到林区工作，另一方面注重挖掘自身的人力资源潜力，对现有人力资源一定要进行多样化、科学、系统的短期或中长期职业技术培训等。最后，在物质资本方面，加大物质资本投资及提高其利用效率。

从市场角度分析，一方面，消费需求在社会总需求中所占份额最

大，是林业产业演进的牵引动力，消费市场始终对区域林业产业的演进起到正向推动作用，在林业产业今后发展的过程中进一步增强消费需求对林业产业的牵引动力，主要措施有：提高人均收入水平，满足消费者对林产品的个性化需求，同时大力开拓国内外市场需求也是一条重要渠道。另一方面，林产品及生产要素交易必须以市场机制为基础，林业产业市场机制的完善，对于林业产业市场主体、林业产品市场信息以及市场竞争策略等方面具有促进作用，从而防止从事林业产业的企业与市场脱离，实现资源和要素向优势企业转移，提高市场集中度，促进林产品有效配置。完善从事林业产业的企业生产要素市场化程度，深化改革林业产业市场化体制，让从事林业产业的企业具有更多的经营自主权，建立部分高技术、高规模以及具有较好发展潜力的产业项目。

制度及政府政策方面，具体来说，建立财税扶持政策：加大财政扶持力度，国家应针对林业生态建设加大对林业基本建设所需资金的投资力度，建立以国家林业贴息贷款为基础，以林权抵押贷款为主导，以小额信贷和其他贷款为补充的林业信贷政策体系，调整税费制度，降低林业税率，提高林业企业的收益率，促进林业产业生产规模的扩大，规范税费项目，加强税费管理，建立监管制度对乱收费行为进行监管。优化国际贸易及投资政策：进一步制定和完善有关促进林产品贸易发展的法律法规体系，如制定相应的出口技术标准，规定产品特性或与其有关的生产工艺和方法，规定产品应使用的管理方法等，增强跨越绿色贸易壁垒的能力，使林区的林产品能够通过国外的技术性的贸易壁垒；建立健全森林认证体系，使林产品能够被国际承认和接受；加强林产品贸易的管理，遵守贸易规则，重视国际社会有关环境问题的关注，尽量减少贸易摩擦，并与交易方营造双赢局面，使林业产业尽快与国际接轨。同时应通过各种优惠政策吸引外资投入，通过对林业提供低税率、长期低息、贴息信贷的经济扶持，为吸引外商投资提供一个良好的软硬件环境，重视对外商投资的设备保护和投资环境的改善等。

第三节　微观层面林业产业不同省际的产业竞争力提升对策

根据第五章对我国区域林业产业综合竞争力的测评结果，我国林业产业具有明显的区域特征，本文将针对区域林业产业竞争力水平差异分别阐述不同梯队提升产业竞争力的对策。

一、最强竞争力梯队提升对策

该梯队是我国林业产业最为发达的地区，集中体现在生产技术水平强、市场份额高、产业结构合理以及产业规模较大等方面。同时在基础竞争力中的资源竞争力、核心竞争力中的科技竞争力层面依然存在很大的上升空间，根据本文的实证研究，针对最强竞争力梯队林业产业的特征提出以下建议：

（1）推动可持续发展战略，缓解资源需求压力。林业产业中的加工制造已突显出木材原料贫乏而限制产业稳定发展的问题，加上国家林业政策收缩，原料压力还在不断增加。所以，科学利用现有的森林资源，积极推动资源一体化建设既符合国家产业和环保政策，也有助于缓解我国林业产业的原料压力。因此，应积极鼓励和引导企业及行业相关力量开展原材料基地建设，推广林业创新技术，提高资源利用率，培育森林资源基地；在政策层面，加大调控"资源一体化"战略定位，同步开展经济用林和生态保护的建设。

（2）发展林业自主品牌，增强竞争软实力。品牌建设是企业传承文化内涵的重要载体，积极开展品牌建设有利于木材加工及木竹藤棕草制品企业赢得更多的商业利润，这也是品牌能够获得长期发展的前提。最强竞争力梯队省份的林业企业在技术创新、管理水平及市场营销等方面取得一定成绩，但对林业产品的品牌意识薄弱。市场上较多企业依旧认为产品才是企业经营的主体，而产品的品牌建设、管理以及维护等方面的发展没有得到重视，因此，最强竞争力梯队的林业产业未来的发展趋势，是积极开展品牌建设，这是适应世界市场变化的必然选择。从品牌建设的角度出发，可以有下面两个渠道：

①政府积极推动品牌化建设。重视政府在推动林业产业制品品牌化建设中的作用，主要在于政府可以为产品的品牌化建设营造公平、透明的市场环境，实现企业为主、市场引导、政府推进的建设模式；同时，加大对已形成的品牌产品的扶持力度，制定针对品牌产品的优惠政策，包括资金、技术、产业服务等，降低企业打造品牌化过程中的风险。

②企业大力开展品牌化建设。企业保证产品的质量是开展品牌化建设的基础，可靠的质量保证可以为企业发展提供长久的动力；通过最新的生产设备、有效的管理模式以及严格的质量标准等各个环节从而控制产品质量；打造企业诚信经营的文化内涵，坚决抵制任何形式的虚假宣传和假冒伪劣行为，坚持以诚信经营作为获取市场份额的基础，提高产品知名度，实现产品的品牌化。

（3）提升核心技术能力，巩固技术创新的领先地位。企业的核心竞争力主要在于核心的产品、专业的技术优势和技术创新能力。企业的核心竞争力突出体现在技术的研发、运用、发展、扩散和保护的能力上。首先，要改变传统的思想观念，要破除过去因循守旧、墨守成规的经济思想，只有这样林业企业才能通过技术创新提高市场竞争力。其次，通过技术创新增加林产品科技含量、提高林产品质量和档次、降低林产品生产成本、提高林产品在国内及国际市场的竞争力，使林业产业在市场竞争中得以生存。最后，从事林业产业的企业在增加利润空间的过程中，通过标杆作用带动其他从事林业产业的企业进行技术创新，从而使整个林业产业的技术水平得以提高、产品得到优化、产业结构得以升级、市场绩效得以改善。

二、强竞争力梯队提升对策

该梯队黑龙江、吉林、浙江、江苏、新疆、云南、江西、山东、广东9地区的林业产业具有较强的竞争力，同时在基础竞争力、显性竞争力、产业环境竞争力以及核心竞争力层面具有较强的上升潜力，根据本文的实证研究，针对该梯队林业产业的竞争力特征提出以下

建议:

(1)增强技术创新能力。技术创新已经成为林业产业竞争力提升的关键。鼓励林业行业的科技创新,推动产品的技术升级和结构优化。为提升我国林业产业区域竞争力,广东、浙江的林业第二产业发达,两省产业的技术升级应以自主创新为主,大力研发基材制造加工技术,不断创新产品种类,满足消费者多元化需求。积极关注特色功能型和可持续生态林业产品的发展趋势,不断开发其开发空间和出口市场,提升我国林业产业区域竞争力。

(2)积极拓展林业产业融资的渠道。资金是任何产业的发展动力,林业产业更是如此,林业对资金的需求较为庞大,丰富的资金可以使产业的发展速度不断提升。我国林业产业的融资渠道很多,资本主要来自国外的金融机构、本土的资本流转以及民间资本的聚集。广东、浙江地区的开放特性,对吸引外资有利,政策的不断出台也给推进产业发展的境外资金提供了便利条件。除此之外,民间资本的力量也不容小视,在存在林业产业发展机遇的偏远地区,民间资本的进入能够为其提供有效的发展支撑。

(3)该梯队排名最前的黑龙江和吉林作为传统林业及农业大省,具有极强的代表特征,发展林业问题对于整个国民经济都很关键。本文从以黑龙江和吉林为代表的典型农林大省实际情况考虑,认为需要将林业生态系统建设与农业发展相辅相成,一体化联动发展,以农业优势为基础,林业产业相互推进,整合利用本地资源优势,产业结构调整优化,以此带动传统农林大省的竞争力提升。林业生态系统的改善一方面有利于防风固沙,净化空气,进而优化大气环境,创造适宜农业生产的小气候;另一方面能够有效地调节土壤水分,起着水土保持效应,增加土壤肥力。反之,农业的持续性发展可以显著地维持林业生态系统的良性循环,促进林业生态系统的不断优化。可见,林业生态系统建设与农业发展的互相作用,即二者的耦合关系能够直接影响二者的共同发展。以黑龙江省林业和农业代表性产业为例,黑龙江既是我国大豆的主产区,也是重点林区,其大豆产业发展状态又是本地区农业整体发展水平的方向标。黑龙江林业生态系统建设与大豆产业发展正处于整体协调演进状态，但受到大豆产值、大豆播种面积、产量和大豆出口数量等大豆产业发展指标在近几年波动的影响，不同年份的耦合协调状态呈现差异性。黑龙江省大豆产业发展水平在较大程度上落后于林业生态系统建设，从而影响二者的协调发展演化态势。因此，应加快该区域的大豆产业为代表的农业基础发展，提高大豆产业为导向的农业产业化水平，增加产值、产量和对外出口数量，同时继续巩固和完善林区的生态系统建设，进一步发挥好生态系统建设对大豆基础农业产业发展的带动作用，改善该区域林业生态系统建设与大豆基础农业产业发展的耦合协调发展态势。同时，黑龙江省由于近几年本区域林业生态系统建设与大产业发展程度不一致，本区域的生态系统得到逐年改善，而大豆等基础农业产业发展水平整体上处于波动不稳定状态中，二者发展的不一致性制约着二者的耦合协调演化态势。为此，相关部门在继续保持好林业生态系统建设与大豆基础农业产业发展耦合关联关系外，要逐步提升二者的耦合协调程度，应该进一步完善林业生态系统建设，发挥好林业生态对大豆等农业的促进作用，提升大豆基础农业产业化水平，以改善本区域林业生态系统建设与大豆等基础农业产业发展的耦合协调关系，以林业发展带动基础农业产业发展，同时促进提升林业生态系统建设及转型升级可持续发展，使二者在协调中共同发展[165]。

三、弱竞争力梯队提升对策

该梯队南部区域的林业资源充裕，木材生长速度客观，生产周期短，能够为林业产业的发展提供充足的转化资源。此外，要大力加强有特色的木本类的林木资金投入，拓宽收益面。另外，加强林业的种植和养殖副产业的发展，使林业产业多元化发展。

该梯队华北地区与南方的林业产业具有一定差异性，这是由于两个地区是我国的粮食主产区，具有重要的粮食战略意义。林业的发展不能以损害粮食产业的发展为基础，两者的协同发展是必要的。林业对农业的服务功能体现在林业的农业防护功能作用明显，在保护农田的同时增加防护林的数量是有效地促进两者协同发展的手段。从而保证在粮食主产区的林业、农业双赢。

该梯队西北地区（包括下一个梯队的陕西、山西）是我国降水量不足的区域，其对该地区的林业发展不利。因此，政府对这些地区的林业发展主要以生态建设为主，并通过大量的造林活动推动这些地区生态环境的改善。在这些地区进行经济林的种植是不利的。针对这些特点，改善林种，以更好地发挥其生态作用是主要思路。另外，增强这些地区的招商引资力度，引入林业产业发达地区的先进技术，将当地的资源优势进一步利用，西北地区可以根据当地的资源特点发展特色经济林、沙产业等既不破坏环境又能实现经济效益的区域特色产业。最后，由于我国西北地区区域经济普遍低于全国平均水平，产业发展缺少人才、资金、技术及高效的创新管理能力，因此，国家及地方政府通过政策扶持，加快专业技术人才的引进和集中，合理布局科研院所和高校在资源配置中的位置，提高资源的产业化效率[166]。

此外，以北京、上海为代表的直辖市林业产业发展格局较为相似，在区域经济竞争力、基础设施竞争力、融资竞争力层面具有显著优势，但北京、上海以 IT 产业、生物医药、精密机床等技术密集型产业以及生态型林业为主，加工制造产业所占的比例很低，而且企业利润不高，因此，北京、上海应该充分利用自身的技术优势，大力提升林业制品的附加值。

四、最弱竞争力梯队提升对策

最弱竞争力梯队包括我国西南重点的集体林区，植被种类丰富，涵盖了较为全面的林业体系，林业制品市场潜力巨大，适合产业化的发展。但区域林业产业的发展与丰富的资源和社会需求还很不均衡，地形结构以山区和河流为主，资源的利用难度较大，导致林业产业的显性竞争力和基础竞争力比较薄弱；而且中南和西南地区的区域经济水平一般弱于东南沿海地区，难以给林业产业提供完善的经济基础，加之企业规模小、技术水平低、营销方式落后，多数企业为低水平的重复生产，产业同构现象严重，因此，该区域首先要加大基础设施建设，构建发达的交通运输体系，并根据市场需求调整采伐限额政策，加强主管部门的宏观调控；其次积极与实力较强的科研院所寻求技术合作，实现资源与技术的高效结合，增加林业的科技含量，提高生产率，强化竞争力以及加强技术培训，引进技术人才。

此外，该梯队比较特殊的海南省是以旅游为导向的省份，由于海南旅游行业很发达，森林旅游等第三产业项目具有一定的发展空间，但是目前还没形成规模。另外还局限于区域范围不大和交通运输不方便等原因很难形成较强的竞争力。所以，一方面应在政府支持下大力发展林业第三产业，提高第三产业发展质量，形成规模化产业集群态势和效益；另一方面，加强基础设施建设和不断完善交通物流体系；此外，由于海南省地处沿海，接近发达省份，应积极吸引外部投资，增强金融资本，为林业产业发展奠定基础。

第四节　本章小结

本章从宏观层面给出了提升我国区域林业产业竞争力的总体思路。从中观层面提出我国区域林业产业竞争力协调发展的对策，从微观层面结合不同区域的特点提出了最强竞争力梯队、强竞争力梯队、弱竞争力梯队和最弱竞争力梯队提升的对策。

结　论

目前我国的环境问题日渐突出，大众对环境保护的关注也日益加强，林业产业的生态和环境功能不断得到重视。我国对林业产业的重视悄悄地发生着改变，国家正在逐步改变以往传统的以木材生产为核心的林业发展思路，而是转为促进林业的生态功能、经济功能以及社会功能的协调发展。使林业产业发展体系完备合理并具有强劲的竞争力，才能发挥林业的重要经济功能，为生态的建设提供原动力，这一定位充分体现了林业在国民经济中的特殊地位。本书运用文献阅读法、系统分析法、熵值法、改进加权 Topsis 综合评价法、线性加权函数法，对林业产业竞争力进行系统分析和深入研究，得到如下结论：

1. 我国林业产业区域竞争力主要存在产业结构不合理、科技水平不高、产品贸易环境复杂多变、区域资源及发展不均衡、缺乏长期稳定可靠的投资保障和投入渠道等问题。在对林业产业竞争力含义界定的基础上分析了林业产业竞争力的特征，对我国林业产业中的第一、第二和第三产业的产出结构、涉林和非涉林产业产值、产业规模进行比较分析；对我国林业产业不同区域资源现状、林业产业区域竞争力投资发展竞争力现状进行分析，找出了我国林业产业区域竞争力存在的问题，主要表现是不同区域林业产业竞争力优势点不同、林业产业结构不合理、林业产业科技水平不高、科技成果转化慢、林业产业产品贸易环境复杂多变、林业产业区域资源及发展不均衡、林业产业的发展缺乏长期稳定可靠的投资保障和投入渠道，并对其成因进行分析。

2. 林业产业产业环境竞争力、基础竞争力、核心竞争力、外显竞争力及各要素相互推动作用最终形成林业产业区域综合竞争力。通过分析林业产业竞争力的发展现状和存在问题，借鉴现有研究成果将林业产业竞争力划分为外显竞争力和内在竞争力，其中内在竞争力包括林业产业核心竞争力、基础竞争力和产业环境竞争力，并对其进行深入分析。在此基础上结合林业产业实际特点，构建了林业产业竞争力"四位一体"模型，即林业产业产业环境竞争力—林业基础竞争力—林业核心竞争力—林业外显竞争力及各要素推动作用关系，其中产业环境包括制度环境和金融资本；基础要素包括资源禀赋、基础设施建设和生态建设；核心要素包括科技创新、林业产业结构和林业企业要素；显性要素包括林业产业实力和林业产业盈利能力。在这些要素的推动下，形成了林业产业软环境、长期持续发展和成长能力、创造增加值和占有率竞争力，进而形成了林业产业综合竞争力。

3. 影响因素中的政府支撑、产业组织结构和科技创新等通过市场条件和资源禀赋对林业产业区域竞争力有正向作用。从主体影响因素和客体影响因素对我国林业产业区域竞争力的影响因素进行分析，构建了林业产业影响形成机理的概念模型，提出了林业产业各影响因素对林业产业竞争力影响关系的研究理论假设，设计研究量表和调查问卷。通过多个渠道发放调查问卷，获得相关数据，运用 SPSS 和 AMOS 等相关软件对量表数据的信度和效度进行检验，对提出的理论假设进行验证，结果表明政府支撑直接或通过资源禀赋和市场条件间接对林业产业竞争力有正向作用；产业组织结构和科技创新通过市场条件和资源禀赋对林业产业竞争力有正向作用。

4. 我国林业产业区域竞争力评价指标体系表现在外显竞争力、核心竞争力、基础竞争力和产业环境竞争力四个方面。根据林业产业竞争力评价指标体系构建原则，设计了林业产业竞争力评价初选指标体系，运用群组决策特征根方法（GEM）对林业产业竞争力初选评价指标体系的关键指标进行识别，运用 Pearson 方法评价指标的相关性，构建了由外显竞争力、核心竞争力、基础竞争力和产业环境竞争力 4 个二级指标、10 个三级指标和 24 个四级指标构成的我国林业产业区域竞争力评价指标体系。

5. 林业省际区域产业竞争力划分为最强竞争力、强竞争力、弱竞争力和最弱竞争力四个梯队，各个竞争力水平呈现明显的分化态势，区域差异性显著。构建了基于熵权法、Topsis 综合评价法、线性加权函数法的我国区域林业产业竞争力评价模型，通过查阅统计年鉴获得的 2013 年统计数据，从静态对我国省际区域林业产业竞争力进行评价；运用林业产业 2006—2012 年的统计数据，从动态对我国省际区域林业产业外显竞争力、核心竞争力、基础竞争力和产业环境竞争力进行评价和分析。根据评价结果将林业区域产业竞争力划分为最强竞争力、强竞争力、弱竞争力和最弱竞争力四个梯队。运用综合评价模型对静态测评得到的四个梯队中具有代表性的福建、吉林、河南、陕西四个省份进行了动态测评，动态测评的结果显示 2006—2012 年四省的外显竞争力、核心竞争力、基础竞争力、产业环境竞争力以及综合竞争力水平呈现明显的分化态势。

根据静态测评和动态测评的结果，基于产业竞争力的显性竞争力、基础竞争力、核心竞争力和产业环境竞争力四个层面，分析了四个梯队中各省（直辖市、自治区）林业产业竞争力的地区差异性及其成因。

由于林业产业在国民经济发展中的特殊地位，影响林业产业区域竞争力的因素很多、复杂，并且具有动态性，本书的研究成果是对林业产业区域竞争力研究的一个尝试，关于对林业产业区域竞争力的评价由于受到数据资料获得的限制，评价指标中的某些指标选用了替代数据处理；此外，关于评价对象的选择，基于数据可获得性和林业产业竞争力评价方法有限性，在动态评价过程中仅选择了不同区域中的重点省份进行分析，在空间和时间维度上对评价结论产生一定的影响，在今后的研究中，随着数据统计水平的提高和指标定量技术的改进，以前难以获取数据和难以计量的指标会逐步被得到解决，评价方法也会逐步趋向合理。

附录　林业产业竞争力影响因素调查问卷（大样本）

尊敬的女士/先生：

您好！我是林业经济管理专业的研究生，现进行用于基础性论文"林业产业竞争力"研究的调查活动，以获得林业产业竞争力影响因素量化数据，需要占用您几分钟时间，非常感谢您百忙之中抽出时间参与调查，您的作答将直接影响研究成果的质量，对我来说非常重要，调查活动以调查问卷的形式为主，本问卷不署名、不涉及个人隐私，调查的结果仅用于基础性论文的研究，不会被用于任何商业用途，我将对您的相关信息及调查结果严格保密，只需要根据您的实际经历和想法尽可能客观填写即可，在此衷心感谢您的支持与合作！

Q1 **您的基本信息（单选）**

请您填写下面的 1～6 题目，在选择的选项后面画"√"，谢谢您的配合。

1. 您的性别：男【　】女【　】

2. 您的年龄：

35 周岁以下【　】35～45 周岁【　】45～55 周岁【　】55 周岁以上【　】

3. 您所在的单位为：

林业产业相关企业【　】林业政府部门【　】高校或者科研院所【　】其他【　】

4. 您从事林业产业相关工作、管理或者研究的时间：

1 年以下【　】1～3 年【　】3～5 年【　】5 年以上【　】

5. 您的职称为

讲师（助理研究员、基层管理者）【 】副教授（副研究员、中层管理者）【 】教授（研究员、高层管理者）【 】企业基层员工和其他【 】

6. 您的学历：

高中及以下【 】专科【 】本科【 】硕士【 】博士【 】

Q2 调查题项（单选）

下面题项及变量共分为政府支撑、产业组织结构、科技创新、资源禀赋、市场条件和竞争力水平六个方面，对应题号 V1～V22 是测量指标，相关问题均以单项选择题的形式给出，基于 Likert 的七分量表值进行统计。请根据您对我国林业产业发展情况的了解在相应的选项处画"√"，十分感谢您的支持！

表 1 Likert 七分量表

1	2	3	4	5	6	7
完全不重要	不重要	比较不重要	一般	比较重要	重要	完全重要

表 2 林业产业竞争力影响因素调查问卷

题号	题项及变量	完全不重要→完全重要						
	政府支撑	1	2	3	4	5	6	7
V1	政府制定的政策和行政规划对林业产业发展的影响							
V2	政府对林业产业发展进行的投资							
V3	政府对林业产业发展过程中的监督监测							
V4	政府在林业产业有序发展中的服务效率							
	产业组织结构							
V5	林业产业产值规模大小对林业产业竞争力的重要性							
V6	林业产业发展过程中企业空间聚集程度对产业竞争力的重要性							
V7	林业产业内部结构（林业三个子产业比重）对竞争力的重要性							

我国林业产业区域竞争力评价研究

题号	题项及变量	完全不重要→完全重要					
	科技创新						
V8	林业产业先进核心技术和创新成果的多少						
V9	林业产业自主知识产权及专利获得的重要性						
V10	林业产业高水平科研团队以及领军人才数量对产业竞争力的重要性						
V11	林业产业技术研发经费投入的重要性						
	资源禀赋						
V12	林业产业土地、森林以及生态保护区等基础自然资源						
V13	林业产业经济（资金、信贷）资源						
V14	林业产业发展需要所拥有的装备、器材						
V15	林业产业的交通、物流支撑条件						
	市场条件						
V16	林业产品消费需求在社会总需求中所占份额						
V17	林业产业生产要素的市场化程度以及林产品有效配置						
V18	林业产业国际市场的机会和潜力						
	竞争力水平						
V19	林业产业销售增长率						
V20	林业产业的市场占有率						
V21	林业产业生态环保的可持续发展水平						
V22	林业产业发展过程中能够产出的新技术（核心技术）、新产品						

再次衷心感谢您的合作与支持，祝您一切顺利！

参考文献

［1］DONALD G MCFETRIDGE. competitiveness：concepts and measures，department of economics［D］. Ottawa：Carleton University，1995.

［2］WALSH，VIVIEN. Technology and the Economy：the Key Relationship［J］. R & D Management，1994（24）：104－107.

［3］OIMAN SEGURA－BONILLA. Sustainable Systems of Innovation：The Forest Sector in Central America［D］. Aalborg：Aalborg University，1999.

［4］张金昌．国际竞争力评价的理论和方法［M］. 北京：经济科学出版社，2002.

［5］斯科特，洛奇．在世界经济中的美国竞争能力［M］.［出版地不详］：［出版者不详］，1985.

［6］余惕君，王伟军．国际竞争策略［M］. 上海：上海远东出版社，1993.

［7］王勤．当代国际竞争力理论与评价体系综述［J］. 国外社会科学，2006（6）：32－38.

［8］魏后凯，吴利学．中国地区工业竞争力评价［J］. 中国工业经济，2002（11）：54－62.

［9］毛日昇．中国制造业贸易竞争力及其决定因素分析［J］. 管理世界，2006（8）：65－75.

［10］文东伟，冼国明，马静．FDI、产业结构变迁与中国的出口竞争力［J］. 管理世界，2009（4）：96－107.

［11］陈晓红，万光羽，曹裕．行业竞争、资本结构与产品市场竞争力［J］. 科研管理，2010（4）：188－196.

［12］张虎春．城市产业竞争力研究［D］. 南京：河海大学，2005.

［13］赵彦云，余毅，马文涛．中国文化产业竞争力评价和分析［J］. 中国人民大学学报，2006（04）：72－82.

［14］刘贵文，邓飞，王曼．中国建筑产业竞争力评价研究［J］. 土木工程学报，

2011（07）：157－164.

［15］吴韶宸．江西医药产业竞争力研究［D］．南昌：江西财经大学，2012.

［16］张超．提升产业竞争力的理论与对策探微［J］．宏观经济研究，2002（05）：51－54.

［17］波特．国家竞争优势［M］．李明轩，邱如美，译．北京：华夏出版社，1990.

［18］胡宜挺，李万明．企业核心竞争力构成要素及作用机理［J］．技术经济与管理研究，2005（02）：20－22.

［19］芮明杰．产业竞争力的"新钻石模型"［J］．社会科学，2006（4）：68－73.

［20］吴忠才．基于要素构成的城市商圈及竞争力实证研究［D］．长沙：中南大学，2009.

［21］马书彦，邓成华．企业竞争力的来源［J］．中国质量技术监督，2014（12）：74－77.

［22］黄志勇．基于R－SCP分析的我国中药产业竞争力提升研究［D］．长沙：中南大学，2012.

［23］赵冬梅，周荣征．企业竞争力评价指标体系的设计方法研究［J］．工业技术经济，2007（09）：88－89，108.

［24］邹薇．关于中国国际竞争力的实证测度与理论研究［J］．经济评论，1999（5）：27－32.

［25］陈佳贵，张金昌．实现利润优势——中美具有国际竞争力产业的比较［J］．国际贸易，2002（5）：21－24.

［26］卢艳秋，余戈，朱秀梅．提高我国化工产业国际竞争力的对策［J］．国际贸易问题，2003（04）：18－22.

［27］赵文丁．新型国际分工格局下中国制造业的比较优势［J］．中国工业经济，2003（8）：32－37.

［28］汪斌，邓艳梅．中日贸易中工业制品比较优势及国际分工类型［J］．世界经济，2003（4）：21－25.

［29］蓝庆新，王述英．论中国产业国际竞争力的现状与提高对策［J］．经济评论，2003（1）：111－115.

［30］张其仔．开放条件下我国制造业的国际竞争力［J］．管理世界，2003（8）：74－80.

［31］王连芬．中国汽车产业竞争力研究［D］．长春：吉林大学，2005.

［32］奉钦亮，张大红．我国林业产业区域竞争力实证研究［J］．北京林业大学
学报（社会科学版），2010（01）：95－100.

［33］陈虹，章国荣．中国服务贸易国际竞争力的实证研究［J］．管理世界，
2010（10）：13－23.

［34］汪易易．基于灰色系统模型的山东省渔业产业竞争力研究［D］．青岛：中
国海洋大学，2012.

［35］严于龙．我国地区经济竞争力比较研究［J］．中国软科学，1998（04）：110－
112，129.

［36］迟国泰，郑杏果，杨中原．基于主成分分析的国有商业银行竞争力评价研
究［J］．管理学报，2009（02）：228－233.

［37］陈军华，陈光玖，陈利琼．基于模糊评价法的石油企业人才竞争力评价
［J］．西南石油大学学报（社会科学版），2009（01）：11－14.

［38］吕梁，高红，贾红雨，刘巍．基于因子分析和数据包络分析的港口竞争力
评价［J］．大连海事大学学报，2010（04）：43－47.

［39］解佳龙，胡树华，蒋园园．基于突变级数法的国家高新区竞争力空间分异
研究［J］．科学学与科学技术管理，2011（12）：101－108.

［40］代碧波．基于因子分析法的高新技术产业集群竞争力评价模型研究［J］．
哈尔滨商业大学学报（社会科学版），2013（03）：28－33.

［41］刘希宋，李响．我国高技术产业竞争力比较评价［J］．技术经济与管理研
究，2005（02）：15－17.

［42］张辉．产业集群竞争力的内在经济机理［J］．中国软科学，2003（01）：
70－74.

［43］肖泽磊，项喜章，刘虹．高新技术产业创新群构成要素及优势分析——以
"武汉·中国光谷"为例［J］．中国软科学，2010（07）：103－111.

［44］杨莉．航空客运企业核心竞争力形成机理与测评研究［D］．成都：西南交
通大学，2010.

［45］刘炳胜，王雪青，曹琳剑．基于SEM与SD组合的中国建筑产业竞争力动
态形成机理仿真［J］．系统工程理论与实践，2010（11）：2063－2070.

［46］陈连芳，严良．油气资源产业集群竞争力形成机理实证研究［J］．中国人
口·资源与环境，2012（7）：92－100.

［47］杨柳．电影产业国际竞争力评价研究［D］．上海：上海交通大学，2013.

［48］钱新华．我国船舶产业竞争力形成机理研究［D］．镇江：江苏科技大

学，2014.

[49] DAVID J BROOKS. Demand for wood and forest products: macroeconomic and issues [J]. The Economic Contribution of Forestry to Sustainable Development. management, 1997 (4): 93 – 102.

[50] FAO. World forestry long – term forecast [EB/OL]. http://www. fao. org/forestry/en/. 2004.

[51] PECK T J. The invitational timber trade [J]. Forest Produces Journal, 2002, 52 (9): 10 – 19.

[52] BARBIER, EDWARD R. The effects of the Uruguay Round tariff reduction on the forest product trade: A partial equilibrium analysis [J]. The World Economy, 2002 (1): 87 – 115.

[53] JIANBANG GAN. Risk and damage of southern pine beetle outbreaks under global climate change [J]. Forest Ecology and Management, 2003 (1): 9 – 11.

[54] PECK T J. Forestry enterprises and resources [J]. Forest Produces Journal, 2001, 49 (2): 25 – 33.

[55] JEAN MATER. The role of the forest industry in the future of the world [J]. Forest Products Journal, 2005, 55 (9): 6 – 7.

[56] EWALD RAMETSEINER, MARKKU SIMULA. Forest certification: an instrutment to promote sustainable forest management? [J]. Journal of Enviromental Management, 2003 (67): 87 – 90.

[57] EWALD RAMETSEINER, GERHARD WEISS. Innovation and innovation policy in forestry: Linking innovation process with systems models [J]. Forest Policy and Economics, 2005: 87.

[58] CONSTANCE VAN HORN, JEAN-MARC FRAYRET, DIANE POULIN. Creating Value with innovation: Form centre of expertise to the forest products industry [J]. Forest Policy and Economics, 2006, 8 (7): 751 – 762.

[59] MATTHIAS DIETER, HERMANN ENGLERT. Competitiveness in the global forest industry sector: an empirical study with special emphasis on Germany [J]. European Journal of Forest Research, 2007 (12): 63 – 69.

[60] JELAEIE DENIS, et al. Motivation factors in wood Processing and furniture Title of manufacturing translation [J]. Drvna industry, 2008 (7): 11 – 21.

[61] BIN MEI. Event analysis of the impact of mergers and acquisitions on the financial

performance of the U. S. forest products industry［J］. Forest Policy and Economics，2010.

［62］ NENAD SAVI Ć, MAKEDONKA STOJANOVSKA, VLADIMIR STOJANOVS-KI. Analyses of the Competitiveness of Forest Industry in the Republic of Macedonia［J］. SEEFOR，2011，2（1）：16 – 23.

［63］ AJANI J. The global wood market，wood resource productivity and price trends：an examination with special attention to China［J］. 2011，38（1）：53 – 63.

［64］ KLAUS SEELAND, JOËL GODAT, RALF HANSMANN. Regional forest organizations and their innovation impact on forestry and regional development in central Switzerland［J］. Forest Policy and Economics，2011，13（5）：66 – 79.

［65］ JAMES PETER SUTCLIFFE, ADRIAN WOOD, JULIA MEATON. Competitive forests – making forests sustainable in south – west Ethiopia［J］. International Journal of Sustainable Development & World Ecology，2012（19）：6 – 16.

［66］ GAN JIANBANG. Economic and Environmental Competitiveness of US – Made Forest Products：Implications for Offshore Outsourcing［J］. Journal of Forestry，2013（11）：12 – 18.

［67］ 孔凡斌. 基于 Porter 理论的中国林业产业国际竞争力评价［J］. 林业科学，2006（09）：106 – 113.

［68］ 毛力. 中国林产品国际贸易及其竞争力分析［D］. 北京：中国林业科学研究院，2007.

［69］ 龙叶. 利用外资对中国林业产业国际竞争力的影响研究［D］. 北京：北京林业大学，2011.

［70］ 王晓栋. 我国木材产业国际竞争力评价指标体系研究［D］. 北京：北京林业大学，2007.

［71］ 徐军，王雁斌，程宝栋. 中国造纸产业国际竞争力分析［J］. 北京林业大学学报（社会科学版），2014（04）：73 – 77.

［72］ 宋维明，印中华. 关于中国林业产业规模化发展的若干思考——基于规模经济贸易理论的研究［J］. 农业经济问题，2009（01）：70 – 76，112.

［73］ 宋诚英. 提升江西林业产业竞争力的研究［J］. 江西林业科技，2007（01）：50 – 52.

［74］ 李波，吴铁雄. 湖北省林业产业竞争力研究［J］. 中国民营科技与经济，2008（11）：65 – 66.

[75] 姜钰，姜崧．基于循环经济的黑龙江省林业产业竞争力提升研究［J］．农机化研究，2008（11）：44－46.

[76] 顾晓燕，聂影．中国木质林产品国际竞争力的实证分析［J］．林业经济问题，2009（04）：350－353，358.

[77] 英磊，徐敏迪．基于主成分分析的全国各省市林业产业综合竞争力研究［J］．商场现代化，2010（20）：105－107.

[78] 刘传奇．福建省九地市林业竞争力比较研究［D］．福州：福建农林大学，2010.

[79] 李明圆．黑龙江省林业产业发展问题研究［D］．哈尔滨：东北农业大学，2014.

[80] 凌棱，罗欢焕，周驰杰．基于Porter理论的区域林业企业竞争力评价［J］．中国林业经济，2012（04）：56－58.

[81] 曹颖，万志芳．黑龙江省林业产业结构分析——基于偏离—份额分析法［J］．林业经济，2012（11）：102－104，115.

[82] 田云，张俊飚，李波．中国林业产业综合竞争力空间差异分析［J］．干旱区资源与环境，2012（12）：8－13.

[83] 黄蓓，王瑜．林业产业集群竞争力研究［J］．中国人口·资源与环境，2011（S1）：554－557.

[84] 王颖曼，贾利．黑龙江省林业产业集群发展策略研究［J］．中国农学通报，2014（32）：60－65.

[85] 奉钦亮，覃凡丁．基于主成分分析的广西林业产业竞争力计量分析［J］．广东农业科学，2012（04）：163－167.

[86] 孙雪，许玉粉．基于主成分分析法的吉林省林业产业竞争力分析［J］．安徽农业科学，2014（12）：3591－3593.

[87] 魏远竹，郑传芳，张春霞．中国省域林业竞争力指标体系构建及综合评价分析［J］．综合竞争力，2009（01）：58－63.

[88] 王刚，曹秋红．中国省区林业产业竞争力水平排序及聚类分析——基于OWA和OWGA组合测度模型［J］．林业经济，2015（05）：58－62.

[89] 丁贺，张颖，聂华．基于动态偏离份额法的北京市林业产业结构和竞争力研究［J］．江苏农业科学，2014（05）：412－415.

[90] 孟利清．基于Multi－Agent的林产品供应链管理研究［D］．南京：南京林业大学，2009.

［91］李春波．基于低碳经济的林业产业竞争力研究［J］．中国林业经济，2012
（04）：10－12，18.

［92］辛姝玉，张大红．低碳经济背景下北京市林业产业结构及竞争力研究［J］．
林业经济问题，2014（04）：357－362.

［93］李春波．林业低碳竞争力指标体系的构建及实证评价——以西南地区5省
市为例［J］．安徽农业科学，2012（12）：7207－7208，7211.

［94］芮明杰．中国产业竞争力报告［M］．上海：上海人民出版社，2004.

［95］金碚．产业国际竞争力研究［J］．经济研究，1996（11）：39－44.

［96］金碚．中国工业国际竞争力——理论、方法与实证研究［M］．北京：经济
管理出版社，1997.

［97］倪鹏飞．中国城市竞争力的分析范式和概念框架［J］．经济学动态，2001
（6）：13－24.

［98］曹远征．中国国际竞争力研究发展报告（1999）——科技竞争力主题研究
［M］．北京：中国人民大学出版社，1999.

［99］赵彦云．中国国际竞争力研究发展报告（2001）——21世纪发展主题研究
［M］．北京：中国人民大学出版社，2001.

［100］何国辉．中国省级区域造纸产业竞争力研究［D］．福州：福建农林大
学，2010.

［101］鲍永华．产业核心竞争力理论及其实证分析［D］．西安：长安大
学，2005.

［102］裴长洪．产业竞争力综述［J］．当代财经，2003（11）：4－8.

［103］范宪．企业核心竞争力理论：球论模型的新诠释［D］．上海：复旦大
学，2003.

［104］余东华．转型期中国产业组织结构优化研究［D］．济南：山东大
学，2005.

［105］郑镜明．广东省林业生态建设现状及有关问题的探讨［J］．中南林业调查
规划，2004，23（2）：56－57.

［106］王如松，林顺坤，欧阳志云．海南生态省建设的理论和实践［M］．北京：
化学工业出版社，2004.

［107］宋焱，徐颂军．广东林业生态建设可持续发展研究［J］．林业资源管理，
2005（05）：11－15.

［108］ANDREWSK. The concept of corporate strategy［J］．Homewood, IL: Irwin,

1972：18 – 46.

[109] BAUMOL W J. Contestable Market：Uprising in the Theory of Industry Structure [J]. American Economic Review，1982：72.

[110] 金碚，李钢. 中国企业盈利能力与竞争力 [J]. 中国工业经济，2007 (11)：5 – 14.

[111] 张开云，叶为真. 企业文化再认识——内涵、功能及与企业竞争力的关系 [J]. 技术经济与管理研究，2007 (02)：117 – 118.

[112] 刘莲玉，李雪梅. 产业结构优化与提升城市竞争力研究 [J]. 求索，2007 (10)：34 – 36.

[113] 陈玉娟. 知识溢出、科技创新与区域竞争力关系的统计研究 [D]. 杭州：浙江工商大学，2013.

[114] 许晶. 提升吉林省产业集群竞争力研究 [J]. 经济纵横，2013 (05)：77 – 80.

[115] 段世德，许建业，王靖. 科技创新与中国国际贸易竞争力互动研究 [J]. 科技进步与对策，2009 (13)：13 – 16.

[116] S WRIGHT. Correlation and causation [J]. Journal of Agricultural Research，1921 (20)：557 – 585.

[117] 侯杰泰，温忠麟，成子娟. 结构方程模型及其应用 [M]. 北京：教育科学出版社，2004.

[118] 胡申. 中国林业产业区域竞争力评价分析 [D]. 北京：北京林业大学，2012.

[119] 李冉. 中国林业产业体系评价与增长机制研究 [D]. 北京：北京林业大学，2013.

[120] 张占贞. 东北国有林区林业产业集群生态系统演进与成长研究 [D]. 哈尔滨：东北林业大学，2011.

[121] 王刚. 我国林业产业区域竞争力评价研究 [D]. 哈尔滨：东北林业大学，2015.

[122] 傅家骥. 技术创新学 [M]. 北京：清华大学出版社，1998.

[123] 柳卸林，张可. 傅家骥与创新管理研究的中国化 [J]. 科学学与科学技术管理，2014 (11)：3 – 12.

[124] 袁庆明. 新制度经济学 [M]. 北京：中国发展出版社，2005.

[125] 奉钦亮. 广西林业产业区域竞争力评价研究 [D]. 北京：北京林业大学，2010.

［126］赵庆超．中国各省区木材加工及木竹藤棕草制品产业竞争力研究［D］．北京：中国林业科学研究院，2014．

［127］耿献辉．中国木材加工及家具制造业：结构与关联——基于投入产出表的实证分析［J］．林业经济问题，2009（06）：519－523．

［128］陈向华．东北国有林区林业产业组织优化研究［D］．哈尔滨：东北林业大学，2011．

［129］陈向华，耿玉德．林业产业组织优化研究综述［J］．林业经济，2012（07）：53－58．

［130］王满．基于布局优化的中国林业产业体系建设研究［D］．长沙：中南林业科技大学，2010．

［131］黄瑞雄，梁红秀，方艳．广西林业产业科技的现状及发展对策［J］．广西师范大学学报（哲学社会科学版），2005（01）：26－30．

［132］杨畅．资本市场与科技创新良性循环研究［J］．生产力研究，2008（21）：48－50．

［133］张泽一．产业政策对产业竞争力效应的分析［J］．广西社会科学，2009（5）：57－61．

［134］陈颖．产业竞争力影响因素与产业政策作用机制分析［J］．产业观察，2009（10）：80－81．

［135］赵建成．中国烟草工业竞争力研究［D］．武汉：华中科技大学，2004．

［136］余东华．转型期中国产业组织结构优化研究［D］．济南：山东大学，2005．

［137］张朝辉．东北国有林区林业产业生态位演化研究［D］．哈尔滨：东北林业大学，2014．

［138］王满．基于布局优化的中国林业产业体系建设研究［D］．长沙：中南林业科技大学，2010．

［139］周旭昌，李蕊，刘长亮．加快林产业调整步伐、促进林地经济快速发展［J］．科技经济市场，2015（03）：53．

［140］王刚，万志芳，曹秋红．二象对偶理论视角下林木加工产业技术创新系统的协调度测度［J］．中国海洋大学学报（社会科学版），2015（2）：78－82．

［141］沈春光．区域科技创新人才竞争力评价与预测研究［D］．南京：南京航空航天大学，2013．

[142] 李强. 区域科技创新能力影响区域竞争力的实证研究 [D]. 长春：长春工业大学，2010.

[143] 岳利萍，吴振磊，白永秀. 中国资源富集地区资源禀赋影响经济增长的机制研究 [J]. 中国人口·资源与环境，2011（10）：37 – 41.

[144] 王刚，陈伟，曹秋红. 基于 SEM 的林业产业竞争力影响因素及作用机理研究 [J]. 中国海洋大学学报（社会科学版），2019（2）：72 – 78.

[145] 王晗. 基于城市群的新能源汽车动力电池产业竞争力研究 [D]. 北京：北京交通大学，2019.

[146] 蒋妍茜. 物流产业对经济发展影响的研究 [D]. 杭州：浙江工业大学，2004.

[147] 王庭秦. 福建三明林业产业竞争力评价研究 [D]. 北京：北京林业大学，2013.

[148] 徐承红，武磊，冯尧. 资本结构、区域市场化程度与企业产品市场竞争力 [J]. 宏观经济研究，2011（3）：68 – 71.

[149] OLMAN SEGURA – BONILLA. Competitiveness, systems of innovation and the learning economy：the forest sector in Costa Rica [J]. Forest Policy and Economics，2003，54：116 – 128.

[150] GEORGES KUNSTLER, SÉBASTIEN LAVERGNE, BENOÎT COURBAUD, et al. Competitive interactions between forest trees are driven by species´trait hierarchy, not phylogenetic or functional similarity：implications for forest community assembly [J]. Ecol Lett, 2012（158）.

[151] 梅耀方，李焯章. 产品市场占有率的分析 [J]. 武汉食品工业学院学报，1997（2）：49 – 54.

[152] 尹卫兵. 基于 RDAP 四阶段模型的新产品速度营销动态能力实证研究 [D]. 上海：同济大学，2009.

[153] 薛庞娟. 顾客保留策略与企业绩效的关系研究 [D]. 郑州：河南工业大学，2010.

[154] 荣泰生. 企业研究方法 [M]. 北京：中国税务出版社，2005.

[155] 杨燕，高山行. 企业合作创新中知识粘性与知识转移实证研究 [J]. 科学学研究，2010（10）：1530 – 1539.

[156] 岳利萍，吴振磊，白永秀. 中国资源富集地区资源禀赋影响经济增长机制研究 [J]. 中国人口·资源与环境，2011（10）：37 – 41.

［157］江泽慧.现代林业与西部生态环境建设［J］.西安交通大学学报（社会科学版），2000（04）：17－22.

［158］魏云杰，张圣银.基于群组决策特征根法的农业机械化发展水平评价［J］.内蒙古科技与经济，2008（10）：13－14.

［159］刘有军，周和平，晏克非.基于熵权群组决策的停车设施规划方法［J］.系统工程，2007（2）：49－53.

［160］朱有为，徐康宁.中国高技术产业研发效率的实证研究［J］.中国工业经济，2006（11）：38－45.

［161］何国辉.中国省级区域造纸产业竞争力研究［D］.福州：福建农林大学，2008.

［162］潘忠，张立杰，王喜林，等.黑龙江省伊春林区科技与林业发展的调研报告［J］.东北林业大学学报，2007（12）：60－62.

［163］黑龙江省人民政府关于加快大小兴安岭生态功能区建设的意见［EB/OL］.［2008－11－25］.http：//www.hlj.gov.cn/wjfg/system/2008/11/25/000102915.shtml.

［164］国家环保总局.国家环保总局将在四领域开展生态补偿试点［J］.环境保护，2007（9B）：68.

［165］王刚，万志芳，曹秋红.黑龙江林业生态系统建设与大豆产业发展耦合度测度［J］.大豆科学，2015（1）：144－147.

［166］王刚，陈伟，曹秋红.基于Entropy－Topsis的林业产业竞争力测度研究［J］.统计与决策，2019（18）：55－58.

后　记

本书是在我的博士学位论文基础上完成的。

在书稿出版之际，谨向我的博士生导师万志芳教授致以深深的谢意。万志芳教授是一个让人充满敬意的老师。在我的博士学习生活中，她总是精心指导我的学业并及时指出我在博士研究生学习过程中的不足。

还要感谢母校东北林业大学的各位恩师，感谢我的学士论文指导教师青岛科技大学王兆君教授，哈尔滨工程大学李柏洲教授、我的博士后合作导师陈伟教授，东北农业大学郭翔宇教授，黑龙江大学焦方义教授对于书稿的完善所提出的宝贵意见。

另外，感谢所有关心、帮助过我的老师、领导、同事和同学，向对本书稿给予帮助的所有人致以最衷心的感谢！感谢我的原单位哈尔滨工程大学和现单位江西理工大学南昌校区的领导和同事，他们在工作上的分担和支持使得我能专心完成书稿；同时感谢知识产权出版社的蔡虹女士及其他为本书出版付出辛勤劳动的编校人员，没有她们耐心细致的工作，本书是不可能在短短的几个月内出版的。

最后，我要特别感谢我的家人。感谢我的妻子，她一直默默地支持我，为我们的家庭付出了许多，她是我的精神支柱。感谢我的父母，他们养育我长大，教育我成人。感谢聪明可爱的女儿，她是我前进的动力。